Sehen · Staunen · Wissen

TEICHE & FLÜSSE

Teichmuschelschale

Schilfrohr

Fruchtendes Schilf

Wasserschnecken-
gehäuse

Fischotterschädel

Eisvogelschädel

Eintagsfliege

Fruchtender
Rohrkolben

Stockentenei

Rohrammernest mit Eiern

Gelbrandkäfer

Eisvogelflügel

Rohrdommelei   Bekassinenei

Gebänderte Prachtlibelle

Posthornschnecke

 **Sehen · Staunen · Wissen**

TEICHE & FLÜSSE

Die überraschende Vielfalt unserer Süßwasserlebensräume
Tiere, Pflanzen, Jahreszeiten

Text von Steve Parker

Wandernde
Schlammschnecken

Gehäuse einer Großen
Schlammschnecke

Forelle

Hornblatt

Reiherentenschädel

Blaugrüne
Mosaikjungfer

Blütenköpfe von Karden

Spießentenfeder

Gerstenberg Verlag

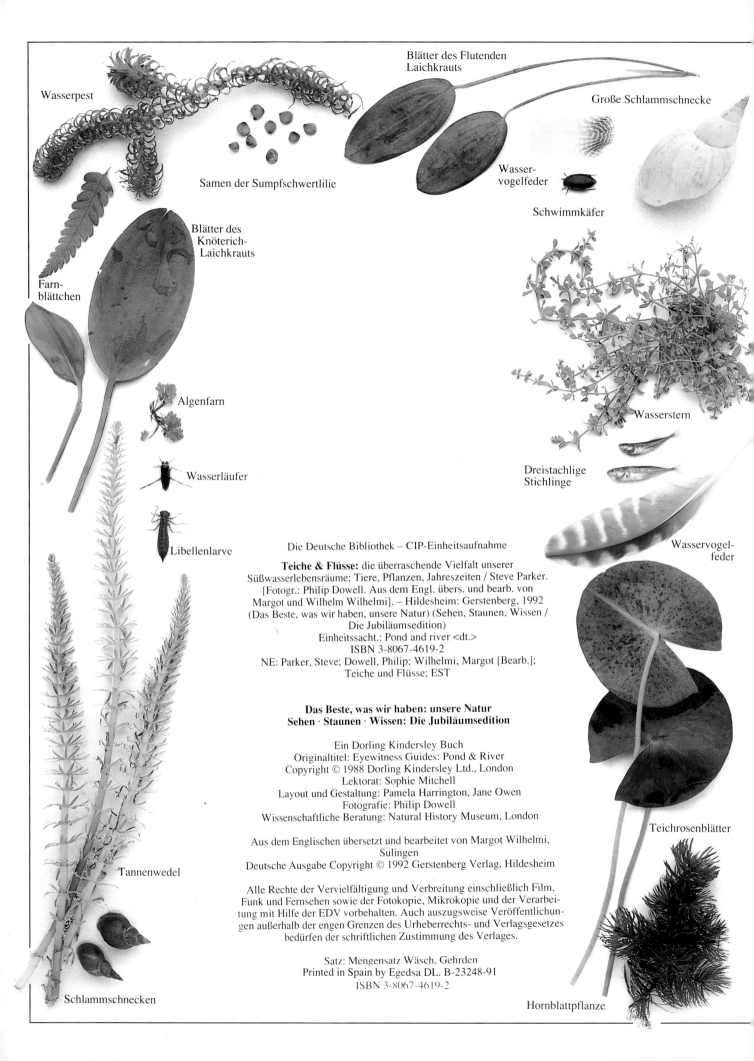

Wasserpest

Blätter des Flutenden Laichkrauts

Große Schlammschnecke

Samen der Sumpfschwertlilie

Wasser-vogelfeder

Schwimmkäfer

Blätter des Knöterich-Laichkrauts

Farn-blättchen

Algenfarn

Wasserstern

Wasserläufer

Dreistachlige Stichlinge

Libellenlarve

Wasservogel-feder

Tannenwedel

Teichrosenblätter

Schlammschnecken

Hornblattpflanze

Die Deutsche Bibliothek – CIP-Einheitsaufnahme

Teiche & Flüsse: die überraschende Vielfalt unserer Süßwasserlebensräume; Tiere, Pflanzen, Jahreszeiten / Steve Parker. [Fotogr.: Philip Dowell. Aus dem Engl. übers. und bearb. von Margot und Wilhelm Wilhelmi]. – Hildesheim: Gerstenberg, 1992 (Das Beste, was wir haben, unsere Natur) (Sehen, Staunen, Wissen / Die Jubiläumsedition)
Einheitssacht.: Pond and river <dt.>
ISBN 3-8067-4619-2
NE: Parker, Steve; Dowell, Philip; Wilhelmi, Margot [Bearb.]; Teiche und Flüsse; EST

Das Beste, was wir haben: unsere Natur
Sehen · Staunen · Wissen: Die Jubiläumsedition

Ein Dorling Kindersley Buch
Originaltitel: Eyewitness Guides: Pond & River
Copyright © 1988 Dorling Kindersley Ltd., London
Lektorat: Sophie Mitchell
Layout und Gestaltung: Pamela Harrington, Jane Owen
Fotografie: Philip Dowell
Wissenschaftliche Beratung: Natural History Museum, London

Aus dem Englischen übersetzt und bearbeitet von Margot Wilhelmi, Sulingen
Deutsche Ausgabe Copyright © 1992 Gerstenberg Verlag, Hildesheim

Satz: Mengensatz Wäsch, Gehrden
Printed in Spain by Egedsa DL. B-23248-91
ISBN 3-8067-4619-2

Inhalt

Posthornschnecke

Blatt des Bitteren Schaumkrauts

Blatt des Hornblatts

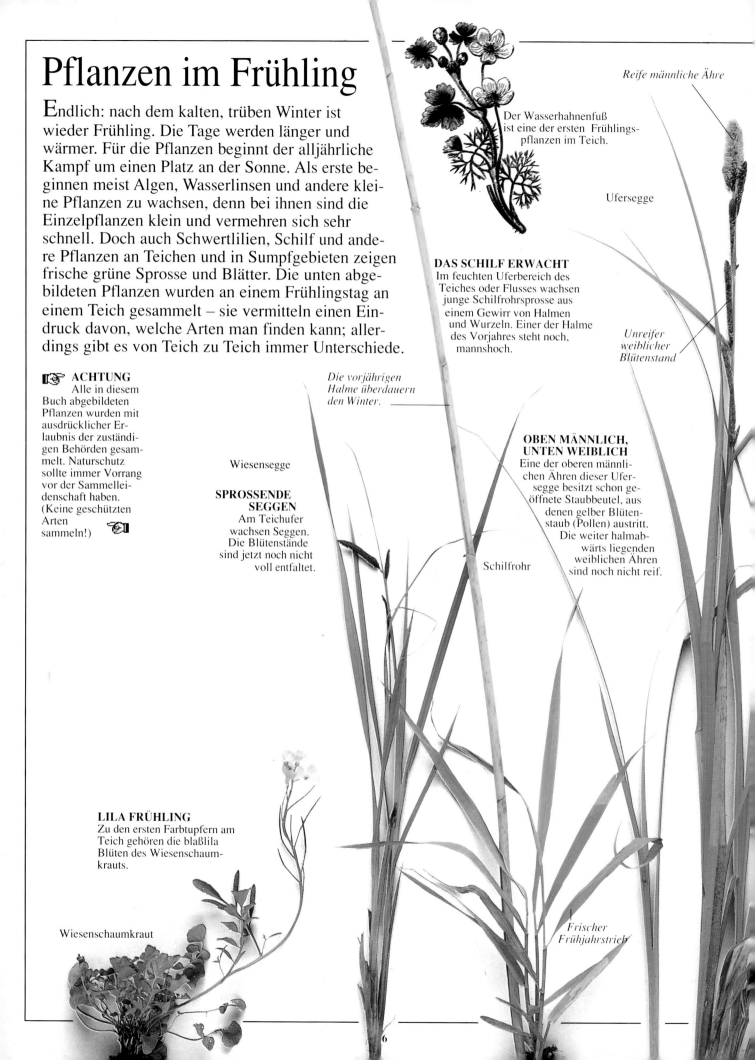

Pflanzen im Frühling

Endlich: nach dem kalten, trüben Winter ist wieder Frühling. Die Tage werden länger und wärmer. Für die Pflanzen beginnt der alljährliche Kampf um einen Platz an der Sonne. Als erste beginnen meist Algen, Wasserlinsen und andere kleine Pflanzen zu wachsen, denn bei ihnen sind die Einzelpflanzen klein und vermehren sich sehr schnell. Doch auch Schwertlilien, Schilf und andere Pflanzen an Teichen und in Sumpfgebieten zeigen frische grüne Sprosse und Blätter. Die unten abgebildeten Pflanzen wurden an einem Frühlingstag an einem Teich gesammelt – sie vermitteln einen Eindruck davon, welche Arten man finden kann; allerdings gibt es von Teich zu Teich immer Unterschiede.

☞ ACHTUNG
Alle in diesem Buch abgebildeten Pflanzen wurden mit ausdrücklicher Erlaubnis der zuständigen Behörden gesammelt. Naturschutz sollte immer Vorrang vor der Sammelleidenschaft haben. (Keine geschützten Arten sammeln!)

Der Wasserhahnenfuß ist eine der ersten Frühlingspflanzen im Teich.

Reife männliche Ähre

Ufersegge

DAS SCHILF ERWACHT
Im feuchten Uferbereich des Teiches oder Flusses wachsen junge Schilfrohrsprosse aus einem Gewirr von Halmen und Wurzeln. Einer der Halme des Vorjahres steht noch, mannshoch.

Unreifer weiblicher Blütenstand

Die vorjährigen Halme überdauern den Winter.

Wiesensegge

SPROSSENDE SEGGEN
Am Teichufer wachsen Seggen. Die Blütenstände sind jetzt noch nicht voll entfaltet.

OBEN MÄNNLICH, UNTEN WEIBLICH
Eine der oberen männlichen Ähren dieser Ufersegge besitzt schon geöffnete Staubbeutel, aus denen gelber Blütenstaub (Pollen) austritt. Die weiter halmabwärts liegenden weiblichen Ähren sind noch nicht reif.

Schilfrohr

LILA FRÜHLING
Zu den ersten Farbtupfern am Teich gehören die blaßlila Blüten des Wiesenschaumkrauts.

Wiesenschaumkraut

Frischer Frühjahrstrieb

KÄTZCHENZEIT

Weiden, häufige Bäume an See- und Flußufern, begrüßen den Frühling mit ihren Blüten, den samtweichen Kätzchen. Bienen und andere Insekten, die schon früh im Jahr fliegen, besuchen sie wegen ihres Blütenstaubs und Nektars und bestäuben sie dabei. Auch der Wind bläst Pollen von den gelben männlichen zu den grünlichen weiblichen Kätzchen, die sich meist an einem anderen Baum befinden.

Weibliche Kätzchen

Trauerweide

Salweide

Weibliche Kätzchen

Bruchweide

DIE SCHWERTER WERDEN GEZOGEN

Bald blüht die Sumpfschwertlilie. Hier wachsen die frischen Blätter aus dem dicken unterirdischen Sproß. Den Namen „Schwertlilie" erhielt die Pflanze aufgrund der charakteristischen Blattform.

Sumpfschwertlilie

Schwertförmige Blätter

DER GROSSE GABELSCHWANZ

Die Raupen dieses Schmetterlings ernähren sich von Salweiden- und Pappelblättern. Beide Baumgattungen sind auf feuchten oder nassen Böden häufig, so daß man auch Gabelschwänze und ihre Raupen in Teich- und Flußnähe findet.

Männliche Kätzchen, überstäubt von gelbem Pollen

Vorjahrstrieb

DOTTERGELBE BLÜTEN

Die leuchtendgelben Blüten der Sumpfdotterblume schmücken Teichufer und andere feuchte Stellen, kaum daß der Schnee geschmolzen ist. Eines der frischen Blätter dieser Pflanze zeigt schon Fraßspuren, wahrscheinlich von einer Schnecke.

DER FROSCHLÖFFEL

Vom fast meterhohen Blütenstand (S. 55) des Vorjahres ist nur ein bleicher, holziger Stengel übrig. Aus der knolligen Basis sprießen neue Blätter. Die Form der Blätter gab dieser Pflanze ihren Namen.

Junger Frühjahrstrieb

Froschlöffel

Sumpfdotterblume

Zerstörung durch Schneckenfraß

Wiesenraute

Zarte Fiederblätter

FRÜHLINGSERWACHEN

Die ersten Fiederblätter einer jungen Wiesenraute sind entwickelt. Dieses Hahnenfußgewächs wächst in Feuchtwiesen und an Teich- oder Bachufern.

7

Tiere im Frühling

Wenn die Frühlingssonne das Wasser erwärmt, verlassen die Tiere ihre Winterquartiere in Röhricht und Schlamm. Überall erscheint neues Leben. Frösche und Kröten, Fische und Molche werben um das andere Geschlecht, paaren sich und legen ihre Eier ab. Bald wimmelt das warme Wasser von ihren Nachkommen, die die Fülle des frühen Nahrungsangebots nutzen. Je wärmer das Wasser, desto aktiver werden die „kaltblütigen" Wasserlebewesen. In kleineren Teichen, die sich schneller erwärmen als große, findet man daher in einem milden Frühjahr unzählige frisch geschlüpfte Schnecken, Insekten, Lurche und andere Lebewesen.

Froschlaich

Von einer Schleimhülle umgebenes Ei

Schwarzes Ei

Kleine Kaulquappen aus einem kalten Teich

Kaulquappen aus einem warmen Teich

Diese Zeichnung zeigt den Bauplan eines Wasserflohs.

WIEGE UND NAHRUNG
Eine Schlammschnecke legt bis zu 400 Eier und heftet sie mit einer fädigen Schleimhülle an die Unterseite eines Unterwasserblattes, von dem sich die Jungschnecken ernähren (S. 52).

LAICHABLAGE
Schon im Februar beginnt die Laichwanderung der Frösche. Etwa im März legt das Weibchen bis zu 3000 Eier, die vom Männchen, das huckepack getragen wird, besamt werden. Die gallertartige Schleimhülle der Eier quillt im Wasser auf, und bald erreicht die Masse die mehrfache Körpergröße des Weibchens.

IM WARMEN GEHT'S SCHNELLER
Zwei bis drei Wochen nach der Laichablage schlüpfen die Kaulquappen. Im warmen Wasser entwickeln sie sich schneller. Hier schwimmen zwei Wochen alte Grasfrosch-Kaulquappen aus einem großen, kalten See zwischen vier Wochen alten Kaulquappen aus einem schneller erwärmten kleinen Teich.

Erdkröte

Trockene, warzige Haut

EIN NEUES BLATT
Wasserschnecken heften im Frühjahr ihre Eier unter Blätter wie die dieser Seerose.

Schleimhülle

Schnecken-eier

Schlamm-schnecken

Wasserflöhe

Seerosenblätter

ZWEI IN EINEM
Viele Schlammschnecken sind Zwitter und besitzen sowohl männliche als auch weibliche Geschlechtsorgane.

WASSERBLÜTE
Das schnelle Wachstum vieler Kleinlebewesen, vor allem der Algen, läßt das Wasser vieler Teiche im Frühjahr erbsengrün aussehen. Diese frühe „Blüte" der Mikroorganismen liefert Nahrung für größere Tiere.

Die Blattränder zerschleißen mit der Zeit.

KÖNIG DER KÄFER

Der Gelbrandkäfer ist in vielen Tümpeln der König der Räuber. Er frißt Kaulquappen, kleine Fische und auch sonst fast alles, was er erwischen kann. Bei diesem Exemplar handelt es sich allerdings eher um eine Königin, wie die matten, behaarten Flügeldecken zeigen. Die Flügeldecken des Männchens sind glatt und glänzend.

...TE FRÜHLING

...n kleinen Teichen und Gräben ...ige Schnellschwimmer könnte ...einen zweiten Geburtstag feiern. Vor zwei Jahren war er ein Ei, im Herbst eine Larve, im Frühjahr eine Puppe und im letzten Sommer ein frisch geschlüpfter Käfer.

ERSTER FRÜHLING

Schwimmkäferlarven besitzen große, ausladende Kiefer, die mit jedem kleinen Lebewesen, das sich ihnen im Teich bietet, fertig werden. Bei manchen Arten dauert das Larvenstadium zwei Jahre oder länger (S. 51).

BALD FLIEGEN SIE

Bei dieser Eintagsfliegenlarve sieht man die kennzeichnenden Schwanzfäden. Die Erwachsenen schlüpfen zwischen April und Juni und leben nur wenige Tage (S. 50).

Weibliche Käfer besitzen behaarte Flügeldecken.

Blaßgrüne Blättchen

Schnellschwimmer

Schwimmkäfer-larve

Hundeegel

Eintagsfliegen-larve

Wasser-assel

Molch-männchen

Rückenkamm des Männchens

Molchweibchen

Wasserlinsen

WO IST DER WURM?

Der Hundeegel schlängelt sich auf Nahrungssuche durch das Wasser. Dieser Egel ist kein Blutsauger; er ernährt sich von Würmern und anderen kleinen weichen Tieren, die er ganz verschlingt.

PAARUNG

Wenn das Wasserasselmännchen die Eier in einer Tasche unter dem Körper des Weibchens besamt, wird es huckepack genommen.

MOLCHKLEID

Das Molchmännchen bekommt im Frühling einen Rückenkamm und eine schwarzgefleckte Haut. Das Weibchen bleibt olivbraun.

GRÜNER TEPPICH

In der Frühlingssonne breiten sich Wasserlinsen (S. 44) über den Teich aus. Die Pflänzchen werden von Schnecken und Insektenlarven gefressen.

FRÜHBLÜHER

Die breiten, flachen Blätter des Wasserhahnenfußes beschatten das darunterliegende Wasser und dienen Fischen als gutes Versteck.

Glatte, glänzende Haut

...JÄHRIGE

...er laichen-...n erwachsenen ...röschen, Laich und Kaulquappen kann man am Teich auch einjährige Jungfrösche finden (S. 38–41).

Die Schwimmblätter sind breit und flach.

HOCHZEITS-KLEID

Im Frühjahr färben sich Brust und Bauch des Stichlingsmännchens leuchtend rot (sogar von oben erscheint es rötlich, wie hier zu sehen ist). Dieses Brutkleid stimuliert das Weibchen, die Eier in das vom Männchen gebaute Nest am Teichgrund abzulegen (S. 25).

Frösche verlieren ihren Schwanz bald nach der Verwandlung.

Die Wasserblätter sind fein zerteilt.

Stichlingsmännchen

Stichlingsweibchen

Pflanzen im Frühsommer

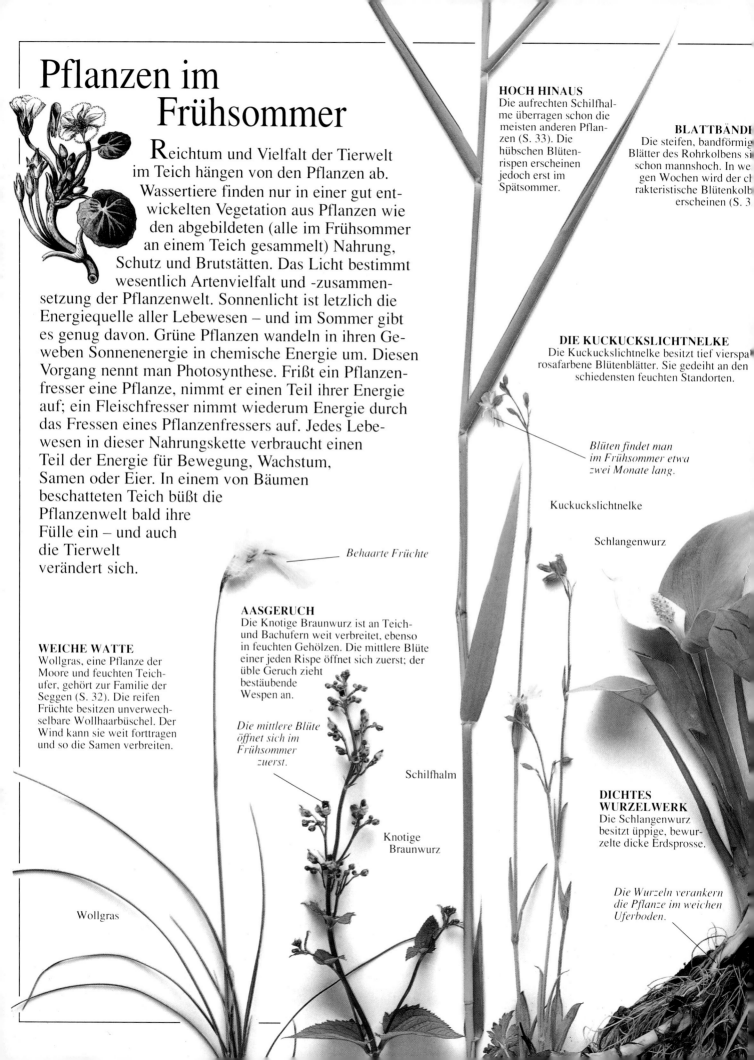

Reichtum und Vielfalt der Tierwelt im Teich hängen von den Pflanzen ab. Wassertiere finden nur in einer gut entwickelten Vegetation aus Pflanzen wie den abgebildeten (alle im Frühsommer an einem Teich gesammelt) Nahrung, Schutz und Brutstätten. Das Licht bestimmt wesentlich Artenvielfalt und -zusammensetzung der Pflanzenwelt. Sonnenlicht ist letzlich die Energiequelle aller Lebewesen – und im Sommer gibt es genug davon. Grüne Pflanzen wandeln in ihren Geweben Sonnenenergie in chemische Energie um. Diesen Vorgang nennt man Photosynthese. Frißt ein Pflanzenfresser eine Pflanze, nimmt er einen Teil ihrer Energie auf; ein Fleischfresser nimmt wiederum Energie durch das Fressen eines Pflanzenfressers auf. Jedes Lebewesen in dieser Nahrungskette verbraucht einen Teil der Energie für Bewegung, Wachstum, Samen oder Eier. In einem von Bäumen beschatteten Teich büßt die Pflanzenwelt bald ihre Fülle ein – und auch die Tierwelt verändert sich.

HOCH HINAUS
Die aufrechten Schilfhalme überragen schon die meisten anderen Pflanzen (S. 33). Die hübschen Blütenrispen erscheinen jedoch erst im Spätsommer.

BLATTBÄNDI
Die steifen, bandförmig Blätter des Rohrkolbens si schon mannshoch. In we gen Wochen wird der ch rakteristische Blütenkolb erscheinen (S. 3

DIE KUCKUCKSLICHTNELKE
Die Kuckuckslichtnelke besitzt tief vierspa rosafarbene Blütenblätter. Sie gedeiht an den schiedensten feuchten Standorten.

Blüten findet man im Frühsommer etwa zwei Monate lang.

Kuckuckslichtnelke

Schlangenwurz

Behaarte Früchte

AASGERUCH
Die Knotige Braunwurz ist an Teich- und Bachufern weit verbreitet, ebenso in feuchten Gehölzen. Die mittlere Blüte einer jeden Rispe öffnet sich zuerst; der üble Geruch zieht bestäubende Wespen an.

Die mittlere Blüte öffnet sich im Frühsommer zuerst.

WEICHE WATTE
Wollgras, eine Pflanze der Moore und feuchten Teichufer, gehört zur Familie der Seggen (S. 32). Die reifen Früchte besitzen unverwechselbare Wollhaarbüschel. Der Wind kann sie weit forttragen und so die Samen verbreiten.

Schilfhalm

DICHTES WURZELWERK
Die Schlangenwurz besitzt üppige, bewurzelte dicke Erdsprosse.

Knotige Braunwurz

Die Wurzeln verankern die Pflanze im weichen Uferboden.

Wollgras

HERANREIFENDE FRÜCHTE
Grauweidenblätter sind rundlicher als die länglich-lanzettlichen Trauerweidenblätter. Die weiblichen Kätzchen dieses Baums bilden haarige Früchte (S. 7). Wie die meisten Weiden wurzeln Grauweiden fest im feuchten Boden an Teichen und Flüssen.

AUFBLÜHEN
Die gelben Blüten der Sumpfschwertlilie brechen aus der schützenden Hochblatthülle hervor.

Rohrkolben

Hochblatt

Weibliche Kätzchen

Haarige Früchte

SEGGENSAMEN
Im Sommer werden die flaumig gelben Ähren der Falschen Fuchssegge mit zunehmender Reife dunkler; die Samen fallen bald aus.

Grauweide

Kronblatt
Griffel

Kelchblatt

Dunkel werdende Ähren

KELCH UND KRONE
Die gelbe Blütenkrone der Sumpfschwertlilie besteht genaugenommen aus je drei Kelchblättern, Blütenkronblättern und Narbenästen.

Falsche Fuchssegge

Sporenähre

Sumpf-schwertlilie

Sumpf-schachtelhalm

SPORENTRÄGER
Der Sumpfschachtelhalm wächst am besten auf feuchtem Boden und im seichten Wasser. Schachtelhalme besitzen keine Blüten, sondern vermehren sich durch Sporen, die sie in Sporenähren (Sporangien) an ihrer Spitze tragen (anders beim Tannenwedel, S. 12).

Tiere im Frühsommer

Im Frühsommer nimmt die Zahl der Tiere im Teich ab, das Gewicht einzelner Individuen jedoch zu. Das in dieser Jahreszeit besonders starke Pflanzenwachstum schafft Nahrung für Schwärme gefräßiger Kaulquappen, Insektenlarven und Wasserschnecken (S. 10-11). Doch größere Räuber, wie Käfer- und Libellenlarven (S. 48), Molche und kleine Fische dezimieren deren Bestand. Die kleinen Räuber werden größer und ihrerseits zur Beute größerer Räuber: Frösche oder Fische, z. B. Karpfen und Schleien, Vögel, z. B. Reiher, oder auch Spitzmäuse, Fischotter oder andere Säugetiere ernähren sich von ihnen.

So entsteht die Nahrungskette im Teich: Pflanzen, Pflanzenfresser, Fleischfresser. Doch damit nicht genug. Sterben müssen alle, und dann kommen Tiere wie die Wasserasseln zum Zug, die die pflanzlichen und tierischen Reste fressen. Ausscheidungen der verschiedensten Tiere düngen das Wasser, versorgen es mit Mineralien und anderen für das Pflanzenwachstum wichtigen Nährstoffen. So entsteht ein Nährstoffkreislauf, der im Miniaturökosystem Teich kaum unterbrochen wird.

Kolbenwasserkäfer. Flügeldecken zur Demonstration der Flügel angehoben.

Erdkröte

BIS ZUM NÄCHSTEN JAHR
Einige Kröten findet man vielleicht noch am Laichplatz Teich, die meisten aber haben sich an ihre Lieblingsplätze, feuchte Stellen in Hecken, unter Baumstämmen und im Unterholz, zurückgezogen. Sie kommen erst im nächsten Frühjahr wieder zum Teich.

Diesen Kaulquappen wachsen Hinterbeine.

BLÜTEN OHNE KRONE
Der Tannenwedel wächst im seichten Teich- oder Bachwasser. Viele kleine Teichtiere dieser Jahreszeit tummeln sich im Gewirr seiner Stengel. Die unscheinbaren blütenblattlosen Blüten sitzen in den Blattachseln.

ZUERST DIE HINTERBEINE
Es gibt jetzt weniger Frosch-Kaulquappen. Die meisten sind Fischen, Molchen, Schwimmkäfern und Libellenlarven zum Opfer gefallen. Die Überlebenden haben jetzt Hinterbeine (sie entwickeln sich nach etwa sieben Wochen). Die Umwandlung von der Kaulquappe zum Frosch nennt man Metamorphose.

Wasserschnecke

ERWACHSEN
Diese Wasserschnecke hat fast ihre volle Größe von 5 cm erreicht. Sie kriecht langsam über den Teichgrund und ernährt sich von verwesenden Pflanzenteilen.

Tannenwedel

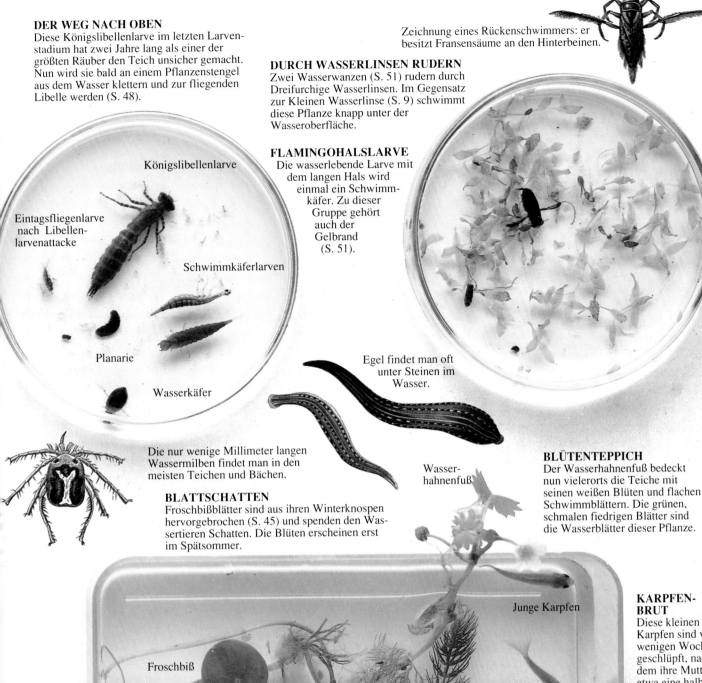

DER WEG NACH OBEN
Diese Königslibellenlarve im letzten Larven-stadium hat zwei Jahre lang als einer der größten Räuber den Teich unsicher gemacht. Nun wird sie bald an einem Pflanzenstengel aus dem Wasser klettern und zur fliegenden Libelle werden (S. 48).

Zeichnung eines Rückenschwimmers: er besitzt Fransensäume an den Hinterbeinen.

DURCH WASSERLINSEN RUDERN
Zwei Wasserwanzen (S. 51) rudern durch Dreifurchige Wasserlinsen. Im Gegensatz zur Kleinen Wasserlinse (S. 9) schwimmt diese Pflanze knapp unter der Wasseroberfläche.

FLAMINGOHALSLARVE
Die wasserlebende Larve mit dem langen Hals wird einmal ein Schwimm-käfer. Zu dieser Gruppe gehört auch der Gelbrand (S. 51).

Königslibellenlarve

Eintagsfliegenlarve nach Libellen-larvenattacke

Schwimmkäferlarven

Planarie

Wasserkäfer

Egel findet man oft unter Steinen im Wasser.

Die nur wenige Millimeter langen Wassermilben findet man in den meisten Teichen und Bächen.

BLATTSCHATTEN
Froschbißblätter sind aus ihren Winterknospen hervorgebrochen (S. 45) und spenden den Was-sertieren Schatten. Die Blüten erscheinen erst im Spätsommer.

Wasser-hahnenfuß

BLÜTENTEPPICH
Der Wasserhahnenfuß bedeckt nun vielerorts die Teiche mit seinen weißen Blüten und flachen Schwimmblättern. Die grünen, schmalen fiedrigen Blätter sind die Wasserblätter dieser Pflanze.

Junge Karpfen

Froschbiß

KARPFEN-BRUT
Diese kleinen Karpfen sind vor wenigen Wochen geschlüpft, nach-dem ihre Mutter etwa eine halbe Million Eier gelegt hat. Kar-pfen laichen erst ab, wenn das Wasser eine Tem-peratur von min-destens 18 °C erreicht hat. Im nächsten Jahr um die gleiche Zeit werden diese Jungfische etwa 1 kg auf die Waa-ge bringen.

Pflanzen im Hochsommer

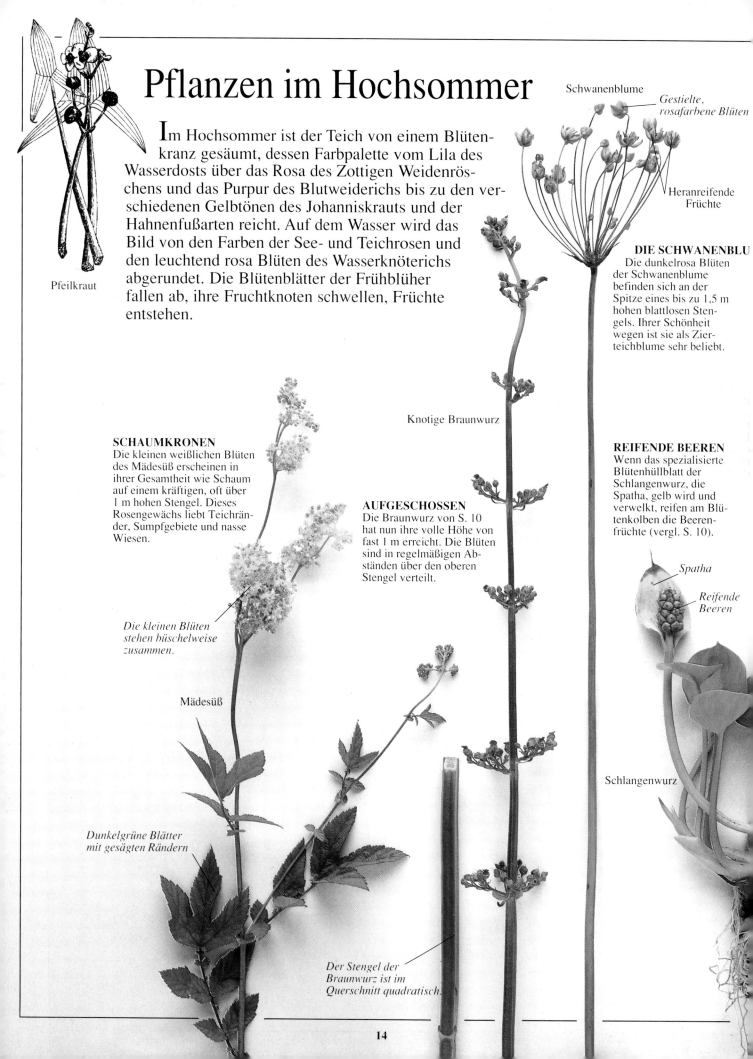

Pfeilkraut

Im Hochsommer ist der Teich von einem Blüten-
kranz gesäumt, dessen Farbpalette vom Lila des
Wasserdosts über das Rosa des Zottigen Weidenrös-
chens und das Purpur des Blutweiderichs bis zu den verschiedenen Gelbtönen des Johanniskrauts und der
Hahnenfußarten reicht. Auf dem Wasser wird das
Bild von den Farben der See- und Teichrosen und
den leuchtend rosa Blüten des Wasserknöterichs
abgerundet. Die Blütenblätter der Frühblüher
fallen ab, ihre Fruchtknoten schwellen, Früchte
entstehen.

Schwanenblume

*Gestielte,
rosafarbene Blüten*

Heranreifende
Früchte

DIE SCHWANENBLU

Die dunkelrosa Blüten
der Schwanenblume
befinden sich an der
Spitze eines bis zu 1,5 m
hohen blattlosen Sten-
gels. Ihrer Schönheit
wegen ist sie als Zier-
teichblume sehr beliebt.

SCHAUMKRONEN

Die kleinen weißlichen Blüten
des Mädesüß erscheinen in
ihrer Gesamtheit wie Schaum
auf einem kräftigen, oft über
1 m hohen Stengel. Dieses
Rosengewächs liebt Teichrän-
der, Sumpfgebiete und nasse
Wiesen.

Knotige Braunwurz

AUFGESCHOSSEN

Die Braunwurz von S. 10
hat nun ihre volle Höhe von
fast 1 m erreicht. Die Blüten
sind in regelmäßigen Ab-
ständen über den oberen
Stengel verteilt.

REIFENDE BEEREN

Wenn das spezialisierte
Blütenhüllblatt der
Schlangenwurz, die
Spatha, gelb wird und
verwelkt, reifen am Blü-
tenkolben die Beeren-
früchte (vergl. S. 10).

Spatha

*Reifende
Beeren*

*Die kleinen Blüten
stehen büschelweise
zusammen.*

Mädesüß

Schlangenwurz

*Dunkelgrüne Blätter
mit gesägten Rändern*

*Der Stengel der
Braunwurz ist im
Querschnitt quadratisch.*

GRAUGRÜNER FILZ
Die Korbweide, eine typische wasserliebende Weide, besitzt besonders lange, spitze Blätter. Feine Härchen lassen die Unterseite graugrün erscheinen.

Korbweide

Weißdorn

Weißdornfrüchte

Jetzt sind die kleinen rosa-weißen Blüten des Froschlöffels in hohen, aufrechten Rispen aufgeblüht. (S. 57).

Dunkelgrüne Blattoberseite

NOCH GRÜN
Weißdorn wächst auf verschiedenen Böden mit unterschiedlicher Feuchtigkeit. So findet man ihn auch oft an Teichen. Die Früchte des Weißdorns sind noch grün, doch in ein paar Wochen sind sie dunkelrot und eine Attraktion für Vögel.

Graue Blattunterseite

VERTROCKNETE BLÜTEN
Die Blüten der Sumpfschwertlilie sind nun braun und vertrocknet. Die Kapselfrüchte bilden sich aus. Die stumpf dreikantigen Kapseln enthalten je drei „Geldrollen" aus mehreren knopfartigen Samen (S. 4).

Samenkapseln

DAS JOHANNISKRAUT
Johanniskraut (vergl. auch S. 16) liebt feuchte Stellen wie schattige Wälder und Teichufer. Im Hochsommer ist die Blütezeit vorbei.

Johanniskraut

MORGENSTERN UND LANZE
Wie die meisten Hahnenfußarten hat auch der Zungen-Hahnenfuß gelbe Blüten. Hier sieht man schon zwei der morgensternartigen Früchte. Die Blätter sind nicht fiedrig wie bei vielen anderen Hahnenfußarten, sondern lanzettlich.

Heranreifende Frucht

Vertrocknete Blütenblätter

Sumpfschwertlilie

DAS VERGISSMEINNICHT
An feuchten Stellen blüht den ganzen Sommer über das Sumpfvergißmeinnicht. Seine Stengel kriechen am Teichrand, die Blüten sind blau, weiß oder rosa.

Sumpfvergißmeinnicht

Lanzettförmige Blätter

Zungen-Hahnenfuß

Tiere im Hochsommer

Nach der hektischen Vermehrungs- und Wachstumsphase wird es im Hochsommer ruhiger. Die Überlebenden der diesjährigen Tiergeneration sind nun damit beschäftigt zu wandern, Nahrungsreserven anzulegen und sich für die kommenden kürzeren und kälteren Tage zu rüsten. Frosch- und Krötenkaulquappen sind zu lungenatmenden Miniaturfröschen und -kröten geworden, die das Wasser verlassen und ihre ersten Landsprünge wagen können. Ein paar junge Molche bleiben den nächsten Winter über noch kiemenatmende Kaulquappen, andere verlassen den Teich als erwachsene Tiere. Der Auszug aus dem Teich setzt sich mit den Insekten fort, die sich aus den wasserbewohnenden Larven entwickelt haben, von kleinen Kriebelmücken, Zuckmücken und Stechmücken bis zu den großen Libellen (S. 48), die sie jagen.

Stechmücken (Männchen und Weibchen) tanzen an den langen Sommerabenden über dem Wasser.

Ruderwanzen können mit ihren kräftigen Flügeln auch fliegen (S. 51).

Junge Kröte

Junge Molche

Kiemen

Junge Kröte

Schlammschnecke

Wachstumsringe

WACHSTUMSRINGE
Senkrecht zur Bänderung des Schneckengehäuses verlaufen an der Gehäusemündung Wachstumsringe, die Perioden langsamen Wachstums markieren.

ANPASSUNGSFÄHIG
Die Wandernde Schlammschnecke verträgt weicheres Wasser (S. 52) besser als verwandte Arten – daher ist sie in Teichen und langsam fließenden Gewässern häufig.

KLEINE MOLCHE
Junge Molche nehmen Sauerstoff aus dem sommerlich warmen Teichwasser noch mit Kiemen auf. Sie verstecken sich zwischen Wasserpflanzen und fressen Wasserflöhe und andere Kleintiere.

KRÖTENBABYS
Aus Kaulquappen sind nun kleine Kröten mit vier Beinen und ohne Schwanz geworden. Im Hochsommer verlassen sie den Teich und beginnen ihr Leben auf dem Land.

GEFLÜGELTER STENGEL
Ein typischer Vertreter seiner Gattung ist das Geflügelte Johanniskraut, das an Ufern, in Flachmooren und Röhrichten wächst.

MINIMUSCHELN
In etwa zehn Jahren werden diese kleinen Muscheln ein Mehrfaches ihrer jetzigen Größe erreichen (S. 52). In ihrer Jugend fressen sie viel und nehmen Kalzium auf, um ihre Schale aufzubauen.

Junge Süßwassermuscheln

Wandernde Schlammschnecken

Eine Schnecke kommt aus ihrem Haus hervor.

Geflügeltes Johanniskraut

RÄUBERTREFFEN
Diese fünf furchterregenden Insektenlarven fressen jedes kleine Tier im
Teich, das sie erwischen können. Aus
Furchenschwimmer- und Hydaticus-
larven werden später Käfer und aus
den anderen Libellen.

JAGDFLUG
Aus den vorjährigen Larven
sind Fluginsekten, erwachsene
Libellen, geworden, die über dem
Wasser kleine Insekten, z. B.
Mücken, jagen.

FLUGBOOTE
Wasserläufer gehören zu den
Schnabelkerfen, genauer, zu den
Wanzen. Sie saugen ihre Beute
mit stechend-saugenden Mund-
werkzeugen aus und können
auf dem Wasser
laufen.

Furchenschwimmer

Edellibellenlarve

Hydaticuslarve

Quelljungfer

Edellibellenlarve

Segellibellenlarve

Wasserläufer

SEGELLIBELLENLARVE
Die Larven (S. 48) der Segellibellen sind gedrungener als die
der Edellibellen und sehen daher
spinnenähnlicher aus.

BLATTSCHÄDEN
Im Hochsommer weisen diese
Laichkrautblätter Fraßspuren von Insekten
und anderen wasserbewohnenden Pflan-
zenfressern auf. Die weißen Blüten sind jetzt entfaltet (rechts unten).

Auch die Stabwanze jagt
kleine Wassertiere (S. 51).

Auch einige Eintagsfliegen gibt es
noch im Hochsommer (S. 50).

Junger Stichling

VATER MIT
KINDERN
Im Sommer hat
das Stichlings-
männchen sein
unterseits rotes
Brutkleid abge-
legt, (S. 9 und 25)
und ist nun un-
scheinbar gefärbt.
Die kleinen Fi-
sche sind in die-
sem Frühling
geschlüpfte junge
Stichlinge.

Junger Stichling

Flutendes Laichkraut

Erwachsene
Stichlingsmännchen

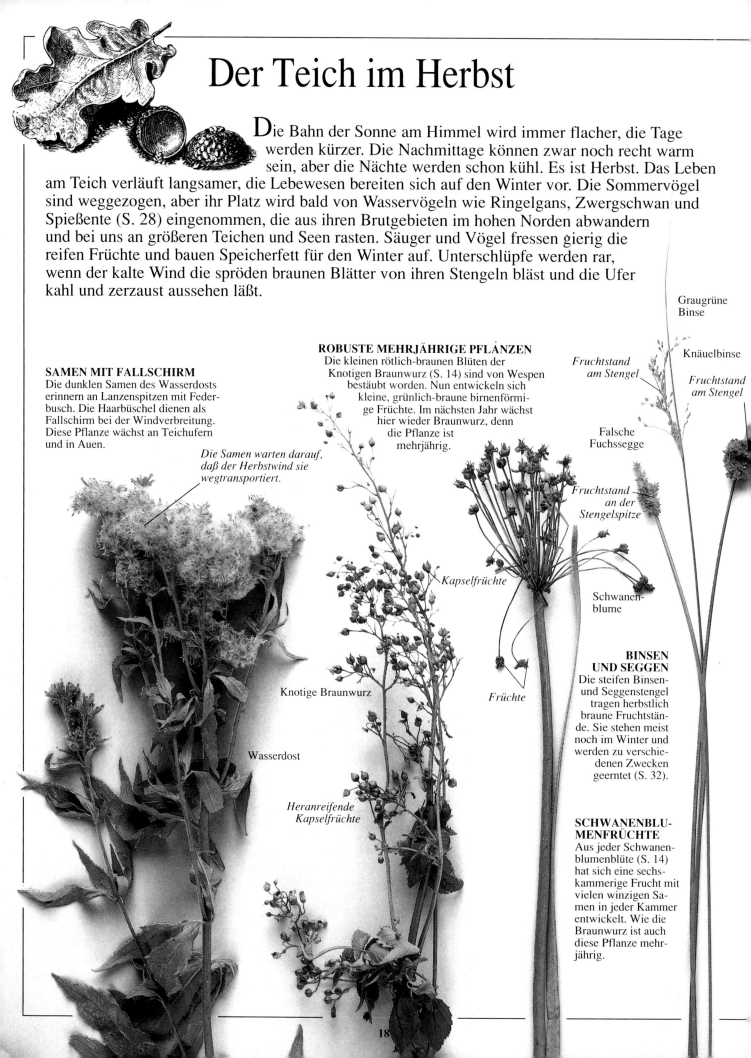

Der Teich im Herbst

Die Bahn der Sonne am Himmel wird immer flacher, die Tage werden kürzer. Die Nachmittage können zwar noch recht warm sein, aber die Nächte werden schon kühl. Es ist Herbst. Das Leben am Teich verläuft langsamer, die Lebewesen bereiten sich auf den Winter vor. Die Sommervögel sind weggezogen, aber ihr Platz wird bald von Wasservögeln wie Ringelgans, Zwergschwan und Spießente (S. 28) eingenommen, die aus ihren Brutgebieten im hohen Norden abwandern und bei uns an größeren Teichen und Seen rasten. Säuger und Vögel fressen gierig die reifen Früchte und bauen Speicherfett für den Winter auf. Unterschlüpfe werden rar, wenn der kalte Wind die spröden braunen Blätter von ihren Stengeln bläst und die Ufer kahl und zerzaust aussehen läßt.

Graugrüne Binse

SAMEN MIT FALLSCHIRM
Die dunklen Samen des Wasserdosts erinnern an Lanzenspitzen mit Feder-busch. Die Haarbüschel dienen als Fallschirm bei der Windverbreitung. Diese Pflanze wächst an Teichufern und in Auen.

ROBUSTE MEHRJÄHRIGE PFLANZEN
Die kleinen rötlich-braunen Blüten der Knotigen Braunwurz (S. 14) sind von Wespen bestäubt worden. Nun entwickeln sich kleine, grünlich-braune birnenförmi-ge Früchte. Im nächsten Jahr wächst hier wieder Braunwurz, denn die Pflanze ist mehrjährig.

Fruchtstand am Stengel

Knäuelbinse

Fruchtstand am Stengel

Die Samen warten darauf, daß der Herbstwind sie wegtransportiert.

Falsche Fuchssegge

Fruchtstand an der Stengelspitze

Kapselfrüchte

Schwanen-blume

Knotige Braunwurz

Früchte

BINSEN UND SEGGEN
Die steifen Binsen- und Seggenstengel tragen herbstlich braune Fruchtstän-de. Sie stehen meist noch im Winter und werden zu verschie-denen Zwecken geerntet (S. 32).

Wasserdost

Heranreifende Kapselfrüchte

SCHWANENBLU-MENFRÜCHTE
Aus jeder Schwanen-blumenblüte (S. 14) hat sich eine sechs-kammerige Frucht mit vielen winzigen Sa-men in jeder Kammer entwickelt. Wie die Braunwurz ist auch diese Pflanze mehr-jährig.

ÜBERWINTERNDE KOLBEN
Die braunen Fruchtstände des Rohrkolbens stehen in Sümpfen und an Teichen Wache, meist den ganzen Winter über. Im Frühling platzen sie und streuen die flaumhaarigen Samen aus.

Erle

Erlenzapfen

SCHNECKENTEMPO
Mit sinkenden Wassertemperaturen werden die Schnecken im Teich immer langsamer und ziehen sich in tieferes Wasser zurück.

ERLENZAPFEN
Obwohl man ihre Fruchtstände für kleine Nadelbaumzapfen halten könnte, ist die Schwarzerle ein Laubbaum, der Teich- und Bachufer bevorzugt. Im Herbst werden die grünen Früchte schwarzbraun. Sie bleiben den Winter über am Baum. Die leichten Samen werden vom Wasser verbreitet.

Schlammschnecken

„Köcher" der Köcherfliegen

LEBEN IM KÖCHER
Rechteckige Blattstükke, spiralig zu einer Röhre gerollt, – das sind die Larven-Köcher der Großen Köcherfliege (S. 50). Das fertige Insekt schlüpft im nächsten Jahr.

Rohrkolben

Kapselfrüchte

Junger Molch

Libellenlarve

DIE NÄCHSTE GENERATION
Die jetzt noch im Teich lebenden Libellenlarven überwintern und schlüpfen im kommenden Jahr.

ABBAU DURCH PILZE
Abgestorbene Tiere und Pflanzen werden von Pilzen zersetzt. Ihre Nährstoffe gelangen so wieder in den Lebenskreislauf. Hier wurde ein alter Baum von Baumpilzen besiedelt.

Sumpfschwertlilie

HALBSTARKE
Ein junger Teichmolch, noch mit Kiemen , überwintert als „Halbstarker" und vollendet seine Metamorphose erst im nächsten Jahr.

SAMENSTREUER
Die Kapselfrüchte der Sumpfschwertlilie sind nun prall mit reifen braunen Samen gefüllt (vergl. S. 15). Die Kapsel vertrocknet bald und spaltet sich in drei kahnförmige Teile; diese rollen sich zurück und entlassen die Samen (S. 4).

Fruchtkörper von Baumpilzen am Stamm

AM BODEN
Blätter, Zweige und andere Pflanzenreste werden in den Teich geweht oder von heftigen Herbstregen hineingeschwemmt. Diese Deckschicht über dem Schlamm des Teichbodens dient vielen kleinen Wassertieren als Winterquartier.

Eichenblatt

Weidenblatt

Birkenblatt

Weidenzweige

Der Teich im Winter

Wo sind die Fliegen im Winter? Und wo sind all die anderen Teichbewohner, die Schnecken, Planarien, Insektenlarven, Fische und Lurche? Es gibt mehrere Strategien, die kalte Jahreszeit zu überleben. „Kaltblütige" Tiere können im kältesten Wasser überdauern, solange sie nicht im festen Eis eingeschlossen sind. Fische, einige Insekten, Weichtiere und Würmer ziehen sich daher an die tiefsten Stellen im Teich zurück. Mit abnehmender Wassertemperatur sinkt auch ihre Körpertemperatur; sie benötigen immer weniger Energie und somit immer weniger Nahrung. Im kalten Wasser ist mehr Sauerstoff gelöst als im warmen, und der Sauerstoffgehalt wird zudem von Wasserpflanzen aufrechterhalten, die die durchs Eis dringenden Strahlen der Wintersonne zur Photosynthese (S. 46) nutzen können. Da weniger aktive Tiere auch weniger Sauerstoff benötigen, reicht der Sauerstoffvorrat zum Leben, auch wenn der Teich für einige Tage zufriert. Viele sehr kleine Wassertiere haben eine andere Strategie entwickelt. Sie legen im Herbst ihre Eier ab, die erwachsenen Tiere sterben, und die Jungen schlüpfen im nächsten Frühjahr. Amphibien, wie Frösche und Kröten, verschlafen den Winter an einem geschützten Plätzchen an Land.

Teichrosenblatt

Schilfro

LETZTE RESTE
Teichrosen- und Pfeil-
krautblätter sitzen noch
immer auf ihren langen
Stengelankern, doch sie
sind nun braun und von
Wind, Wasser und Frost
zerschlissen.

EISLÄUFER
Während Pflanzen und
Tiere unter dem Eis
ruhen, tummeln sich
oben die Menschen.

TROCKENES SCHILF
Die Rispen des Schilfrohrs leisten
den winterlichen Böen und Schnee-
stürmen trotzig Widerstand. Selbst
die Blätter sitzen noch am Halm:
durch Wind und Frost
zerknitterte braune
Bänder.

Pfeilkrautblatt

*Alte Blätter zeu-
gen von Bäumen,
die am Teich
wachsen.*

DECKEN AUS BLÄTTERN
Im eiskalten Wasser erfolgt
die Zersetzung nur langsam.
Laub sammelt sich in mehreren Lagen an; es schützt
und isoliert die kleinen
Tiere und Knospen wie
eine Decke.

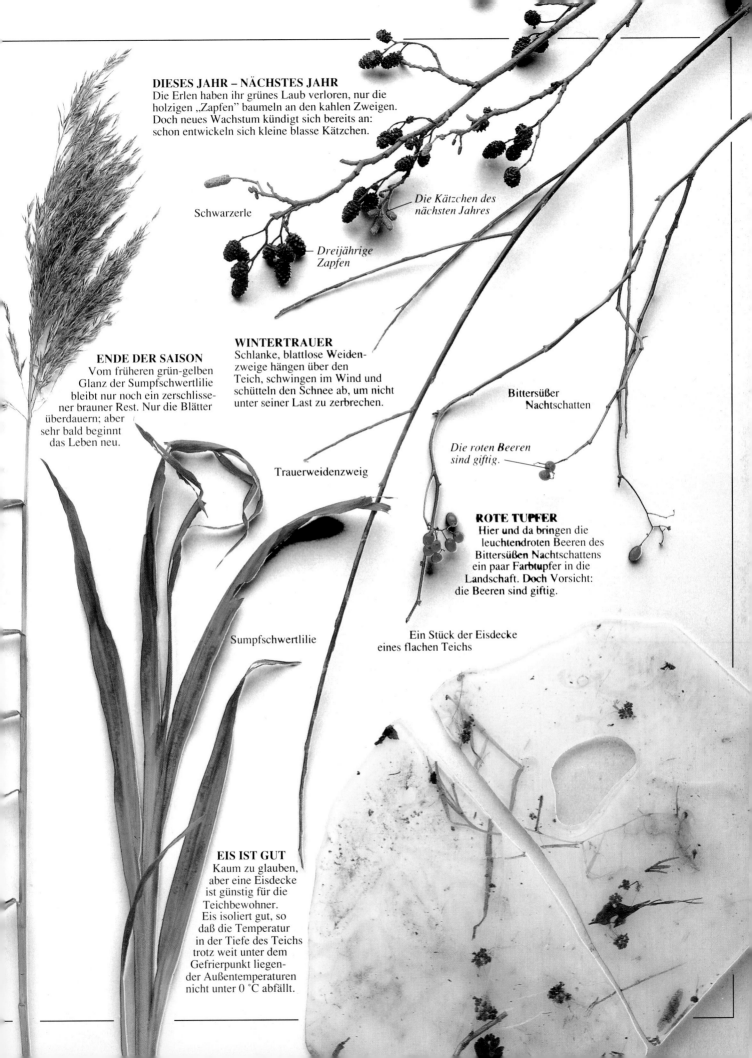

DIESES JAHR – NÄCHSTES JAHR
Die Erlen haben ihr grünes Laub verloren, nur die
holzigen „Zapfen" baumeln an den kahlen Zweigen.
Doch neues Wachstum kündigt sich bereits an:
schon entwickeln sich kleine blasse Kätzchen.

Schwarzerle

*Die Kätzchen des
nächsten Jahres*

*Dreijährige
Zapfen*

WINTERTRAUER
Schlanke, blattlose Weidenzweige hängen über den
Teich, schwingen im Wind und
schütteln den Schnee ab, um nicht
unter seiner Last zu zerbrechen.

ENDE DER SAISON
Vom früheren grün-gelben
Glanz der Sumpfschwertlilie
bleibt nur noch ein zerschlisse-
ner brauner Rest. Nur die Blätter
überdauern; aber
sehr bald beginnt
das Leben neu.

Bittersüßer
Nachtschatten

Trauerweidenzweig

*Die roten Beeren
sind giftig.*

ROTE TUPFER
Hier und da bringen die
leuchtendroten Beeren des
Bittersüßen Nachtschattens
ein paar Farbtupfer in die
Landschaft. Doch Vorsicht:
die Beeren sind giftig.

Sumpfschwertlilie

Ein Stück der Eisdecke
eines flachen Teichs

EIS IST GUT
Kaum zu glauben,
aber eine Eisdecke
ist günstig für die
Teichbewohner.
Eis isoliert gut, so
daß die Temperatur
in der Tiefe des Teichs
trotz weit unter dem
Gefrierpunkt liegen-
der Außentemperaturen
nicht unter 0 °C abfällt.

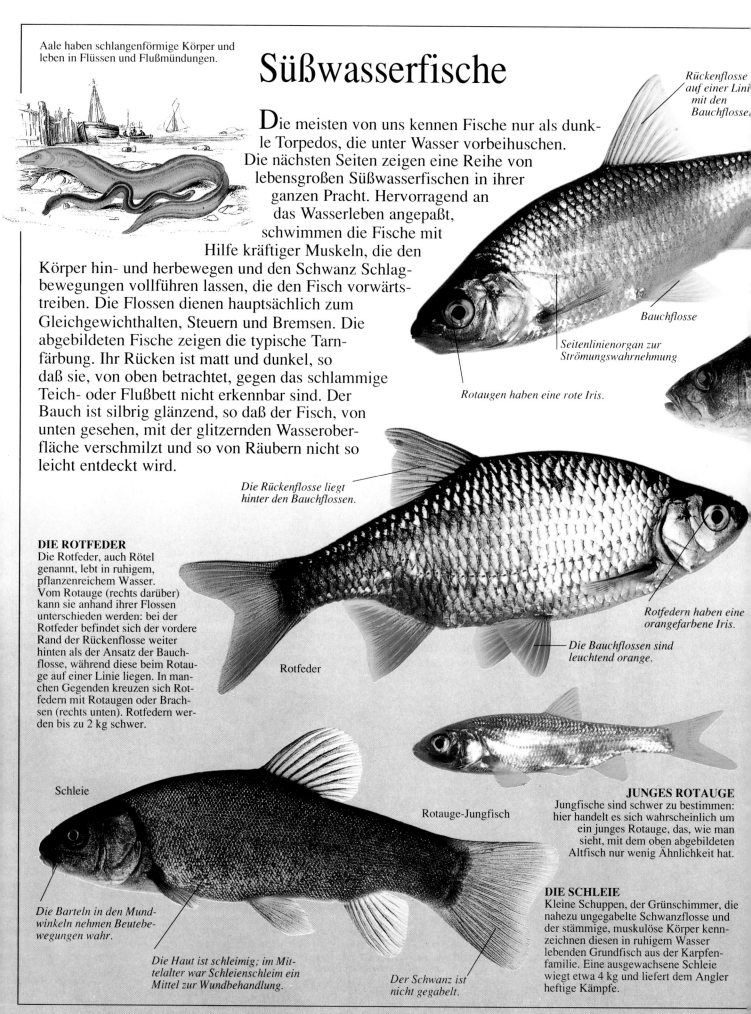

Aale haben schlangenförmige Körper und leben in Flüssen und Flußmündungen.

Süßwasserfische

Die meisten von uns kennen Fische nur als dunkle Torpedos, die unter Wasser vorbeihuschen. Die nächsten Seiten zeigen eine Reihe von lebensgroßen Süßwasserfischen in ihrer ganzen Pracht. Hervorragend an das Wasserleben angepaßt, schwimmen die Fische mit Hilfe kräftiger Muskeln, die den Körper hin- und herbewegen und den Schwanz Schlagbewegungen vollführen lassen, die den Fisch vorwärtstreiben. Die Flossen dienen hauptsächlich zum Gleichgewichthalten, Steuern und Bremsen. Die abgebildeten Fische zeigen die typische Tarnfärbung. Ihr Rücken ist matt und dunkel, so daß sie, von oben betrachtet, gegen das schlammige Teich- oder Flußbett nicht erkennbar sind. Der Bauch ist silbrig glänzend, so daß der Fisch, von unten gesehen, mit der glitzernden Wasseroberfläche verschmilzt und so von Räubern nicht so leicht entdeckt wird.

Rückenflosse auf einer Linie mit den Bauchflosse

Bauchflosse

Seitenlinienorgan zur Strömungswahrnehmung

Rotaugen haben eine rote Iris.

Die Rückenflosse liegt hinter den Bauchflossen.

DIE ROTFEDER
Die Rotfeder, auch Rötel genannt, lebt in ruhigem, pflanzenreichem Wasser. Vom Rotauge (rechts darüber) kann sie anhand ihrer Flossen unterschieden werden: bei der Rotfeder befindet sich der vordere Rand der Rückenflosse weiter hinten als der Ansatz der Bauchflosse, während diese beim Rotauge auf einer Linie liegen. In manchen Gegenden kreuzen sich Rotfedern mit Rotaugen oder Brachsen (rechts unten). Rotfedern werden bis zu 2 kg schwer.

Rotfeder

Rotfedern haben eine orangefarbene Iris.

Die Bauchflossen sind leuchtend orange.

Schleie

Rotauge-Jungfisch

JUNGES ROTAUGE
Jungfische sind schwer zu bestimmen: hier handelt es sich wahrscheinlich um ein junges Rotauge, das, wie man sieht, mit dem oben abgebildeten Altfisch nur wenig Ähnlichkeit hat.

Die Barteln in den Mundwinkeln nehmen Beutebewegungen wahr.

Die Haut ist schleimig; im Mittelalter war Schleienschleim ein Mittel zur Wundbehandlung.

Der Schwanz ist nicht gegabelt.

DIE SCHLEIE
Kleine Schuppen, der Grünschimmer, die nahezu ungegabelte Schwanzflosse und der stämmige, muskulöse Körper kennzeichnen diesen in ruhigem Wasser lebenden Grundfisch aus der Karpfenfamilie. Eine ausgewachsene Schleie wiegt etwa 4 kg und liefert dem Angler heftige Kämpfe.

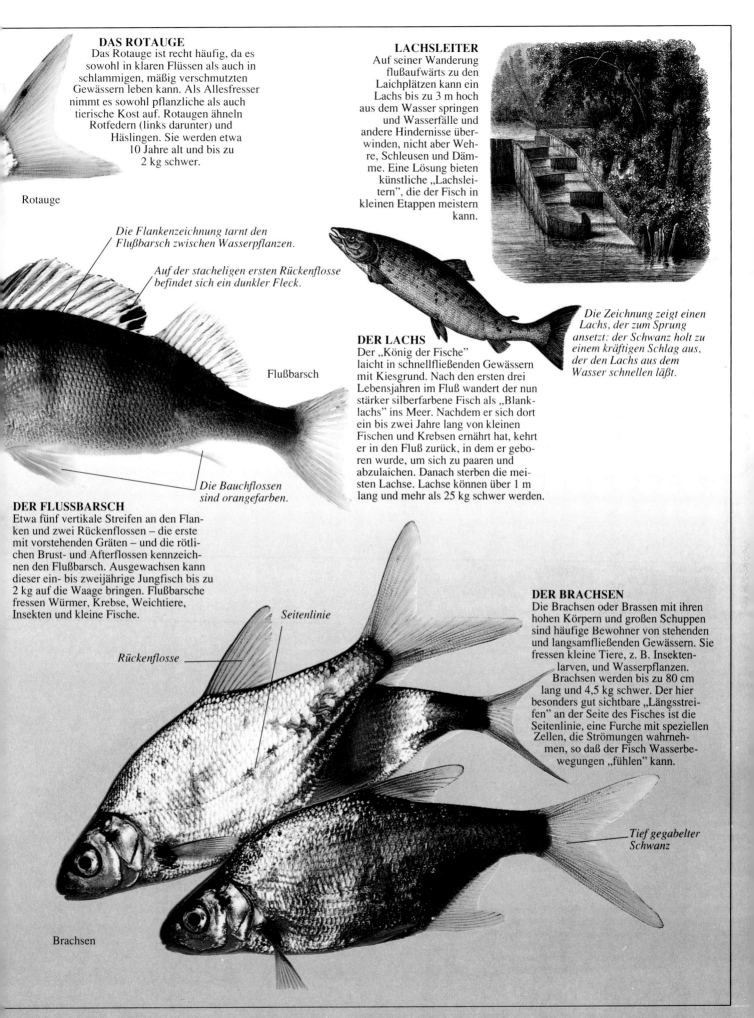

DAS ROTAUGE

Das Rotauge ist recht häufig, da es sowohl in klaren Flüssen als auch in schlammigen, mäßig verschmutzten Gewässern leben kann. Als Allesfresser nimmt es sowohl pflanzliche als auch tierische Kost auf. Rotaugen ähneln Rotfedern (links darunter) und Häslingen. Sie werden etwa 10 Jahre alt und bis zu 2 kg schwer.

Rotauge

Die Flankenzeichnung tarnt den Flußbarsch zwischen Wasserpflanzen.

Auf der stacheligen ersten Rückenflosse befindet sich ein dunkler Fleck.

Flußbarsch

Die Bauchflossen sind orangefarben.

DER FLUSSBARSCH

Etwa fünf vertikale Streifen an den Flanken und zwei Rückenflossen – die erste mit vorstehenden Gräten – und die rötlichen Brust- und Afterflossen kennzeichnen den Flußbarsch. Ausgewachsen kann dieser ein- bis zweijährige Jungfisch bis zu 2 kg auf die Waage bringen. Flußbarsche fressen Würmer, Krebse, Weichtiere, Insekten und kleine Fische.

Seitenlinie

Rückenflosse

Brachsen

LACHSLEITER

Auf seiner Wanderung flußaufwärts zu den Laichplätzen kann ein Lachs bis zu 3 m hoch aus dem Wasser springen und Wasserfälle und andere Hindernisse überwinden, nicht aber Wehre, Schleusen und Dämme. Eine Lösung bieten künstliche „Lachsleitern", die der Fisch in kleinen Etappen meistern kann.

Die Zeichnung zeigt einen Lachs, der zum Sprung ansetzt: der Schwanz holt zu einem kräftigen Schlag aus, der den Lachs aus dem Wasser schnellen läßt.

DER LACHS

Der „König der Fische" laicht in schnellfließenden Gewässern mit Kiesgrund. Nach den ersten drei Lebensjahren im Fluß wandert der nun stärker silberfarbene Fisch als „Blanklachs" ins Meer. Nachdem er sich dort ein bis zwei Jahre lang von kleinen Fischen und Krebsen ernährt hat, kehrt er in den Fluß zurück, in dem er geboren wurde, um sich zu paaren und abzulaichen. Danach sterben die meisten Lachse. Lachse können über 1 m lang und mehr als 25 kg schwer werden.

DER BRACHSEN

Die Brachsen oder Brassen mit ihren hohen Körpern und großen Schuppen sind häufige Bewohner von stehenden und langsamfließenden Gewässern. Sie fressen kleine Tiere, z. B. Insektenlarven, und Wasserpflanzen. Brachsen werden bis zu 80 cm lang und 4,5 kg schwer. Der hier besonders gut sichtbare „Längsstreifen" an der Seite des Fisches ist die Seitenlinie, eine Furche mit speziellen Zellen, die Strömungen wahrnehmen, so daß der Fisch Wasserbewegungen „fühlen" kann.

Tief gegabelter Schwanz

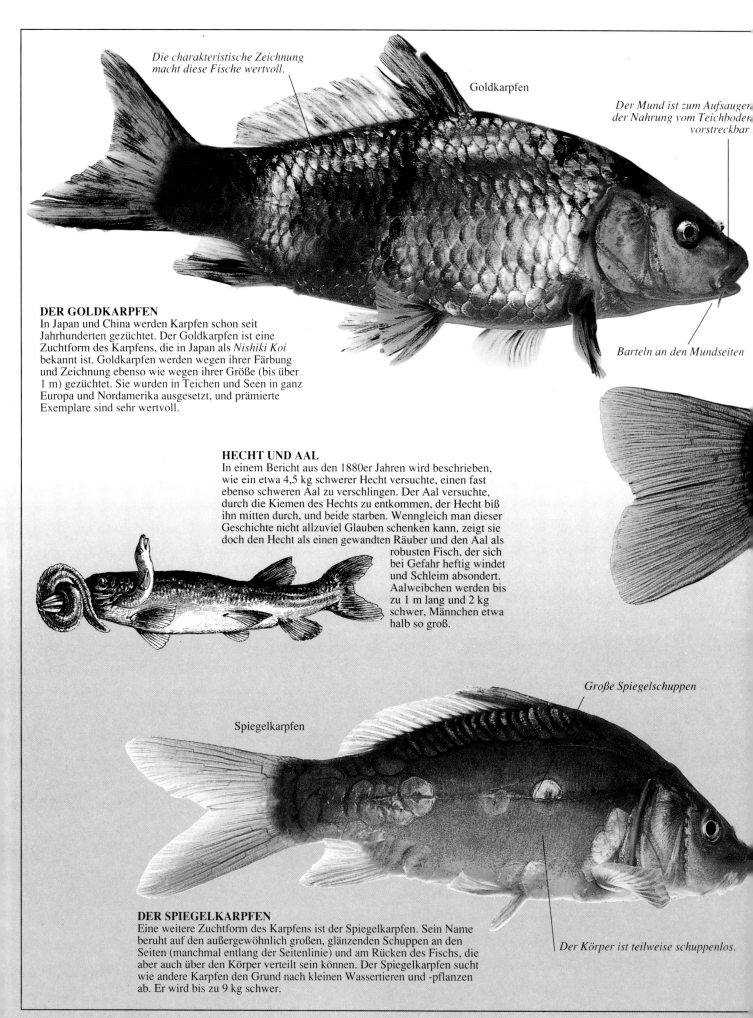

Die charakteristische Zeichnung macht diese Fische wertvoll.

Goldkarpfen

Der Mund ist zum Aufsaugen der Nahrung vom Teichboden vorstreckbar

Barteln an den Mundseiten

DER GOLDKARPFEN

In Japan und China werden Karpfen schon seit Jahrhunderten gezüchtet. Der Goldkarpfen ist eine Zuchtform des Karpfens, die in Japan als *Nishiki Koi* bekannt ist. Goldkarpfen werden wegen ihrer Färbung und Zeichnung ebenso wie wegen ihrer Größe (bis über 1 m) gezüchtet. Sie wurden in Teichen und Seen in ganz Europa und Nordamerika ausgesetzt, und prämierte Exemplare sind sehr wertvoll.

HECHT UND AAL

In einem Bericht aus den 1880er Jahren wird beschrieben, wie ein etwa 4,5 kg schwerer Hecht versuchte, einen fast ebenso schweren Aal zu verschlingen. Der Aal versuchte, durch die Kiemen des Hechts zu entkommen, der Hecht biß ihn mitten durch, und beide starben. Wenngleich man dieser Geschichte nicht allzuviel Glauben schenken kann, zeigt sie doch den Hecht als einen gewandten Räuber und den Aal als robusten Fisch, der sich bei Gefahr heftig windet und Schleim absondert. Aalweibchen werden bis zu 1 m lang und 2 kg schwer, Männchen etwa halb so groß.

Große Spiegelschuppen

Spiegelkarpfen

DER SPIEGELKARPFEN

Eine weitere Zuchtform des Karpfens ist der Spiegelkarpfen. Sein Name beruht auf den außergewöhnlich großen, glänzenden Schuppen an den Seiten (manchmal entlang der Seitenlinie) und am Rücken des Fischs, die aber auch über den Körper verteilt sein können. Der Spiegelkarpfen sucht wie andere Karpfen den Grund nach kleinen Wassertieren und -pflanzen ab. Er wird bis zu 9 kg schwer.

Der Körper ist teilweise schuppenlos.

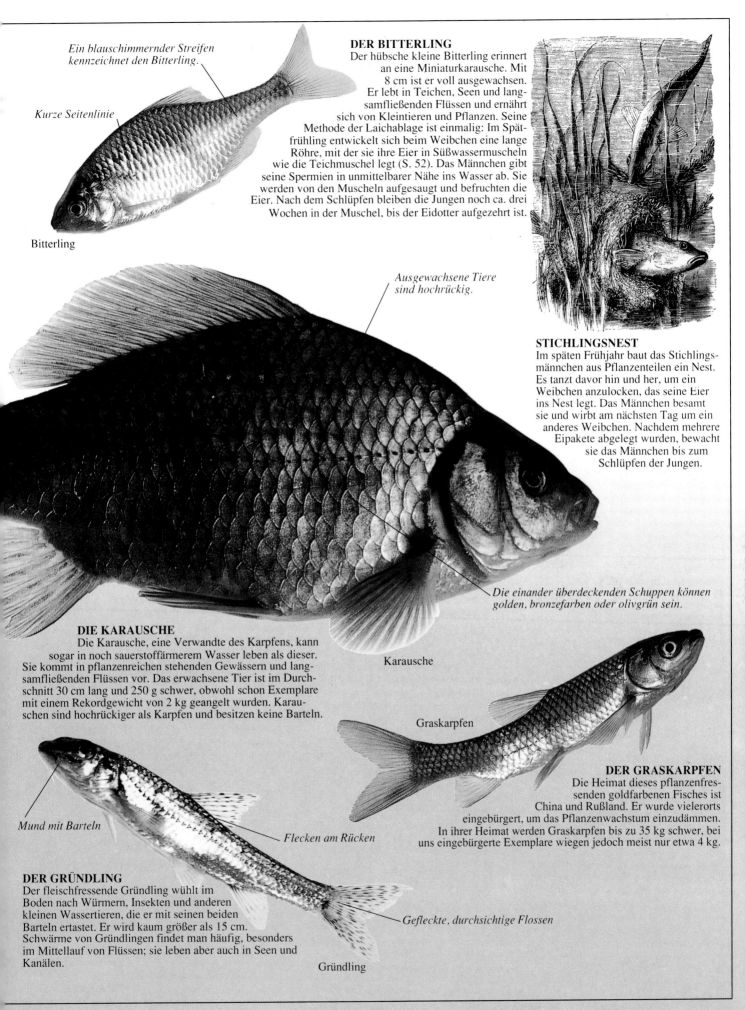

Ein blauschimmernder Streifen kennzeichnet den Bitterling.

Kurze Seitenlinie

Bitterling

DER BITTERLING
Der hübsche kleine Bitterling erinnert an eine Miniaturkarausche. Mit 8 cm ist er voll ausgewachsen. Er lebt in Teichen, Seen und langsamfließenden Flüssen und ernährt sich von Kleintieren und Pflanzen. Seine Methode der Laichablage ist einmalig: Im Spätfrühling entwickelt sich beim Weibchen eine lange Röhre, mit der sie ihre Eier in Süßwassermuscheln wie die Teichmuschel legt (S. 52). Das Männchen gibt seine Spermien in unmittelbarer Nähe ins Wasser ab. Sie werden von den Muscheln aufgesaugt und befruchten die Eier. Nach dem Schlüpfen bleiben die Jungen noch ca. drei Wochen in der Muschel, bis der Eidotter aufgezehrt ist.

STICHLINGSNEST
Im späten Frühjahr baut das Stichlingsmännchen aus Pflanzenteilen ein Nest. Es tanzt davor hin und her, um ein Weibchen anzulocken, das seine Eier ins Nest legt. Das Männchen besamt sie und wirbt am nächsten Tag um ein anderes Weibchen. Nachdem mehrere Eipakete abgelegt wurden, bewacht sie das Männchen bis zum Schlüpfen der Jungen.

Ausgewachsene Tiere sind hochrückig.

Die einander überdeckenden Schuppen können golden, bronzefarben oder olivgrün sein.

Karausche

DIE KARAUSCHE
Die Karausche, eine Verwandte des Karpfens, kann sogar in noch sauerstoffärmerem Wasser leben als dieser. Sie kommt in pflanzenreichen stehenden Gewässern und langsamfließenden Flüssen vor. Das erwachsene Tier ist im Durchschnitt 30 cm lang und 250 g schwer, obwohl schon Exemplare mit einem Rekordgewicht von 2 kg geangelt wurden. Karauschen sind hochrückiger als Karpfen und besitzen keine Barteln.

Graskarpfen

DER GRASKARPFEN
Die Heimat dieses pflanzenfressenden goldfarbenen Fisches ist China und Rußland. Er wurde vielerorts eingebürgert, um das Pflanzenwachstum einzudämmen. In ihrer Heimat werden Graskarpfen bis zu 35 kg schwer, bei uns eingebürgerte Exemplare wiegen jedoch meist nur etwa 4 kg.

Mund mit Barteln

Flecken am Rücken

DER GRÜNDLING
Der fleischfressende Gründling wühlt im Boden nach Würmern, Insekten und anderen kleinen Wassertieren, die er mit seinen beiden Barteln ertastet. Er wird kaum größer als 15 cm. Schwärme von Gründlingen findet man häufig, besonders im Mittellauf von Flüssen; sie leben aber auch in Seen und Kanälen.

Gefleckte, durchsichtige Flossen

Gründling

Die Forelle

Nur wenige Süßwasserfische kommen der Forelle an Schönheit, Kraft und Wohlgeschmack nahe. Die Forelle gehört zur Familie der Lachsfische. Seeforellen, Bachforellen und Meerforellen sind umweltbedingte Formen einer Art, der Europäischen Forelle. See- und Bachforellen verbringen ihr ganzes Leben im Süßwasser; Meerforellen leben im Meer und ziehen in den Sommermonaten in ihre Heimatflüsse, um dort im Herbst abzulaichen. Erwachsene Meerforellen können bis zu 130 cm lang werden, Seeforellen bis 80 cm und Bachforellen etwa halb so groß. Zwischen den einzelnen Unterarten gibt es viele Mischformen, und sie zu unterscheiden fällt schwer, da auch Meerforellen im Süßwasser dunkler werden und dann aussehen wie See- und Bachforellen. Wie eine Europäische Forelle aussieht, hängt vom Lebensraum, der Wasserqualität, dem Gewässertyp und dem Nahrungsangebot ab. Die Regenbogenforelle ist eine eigene Art.

TYPISCHER FORELLENLEBENSRAUM
Ein idealer Forellenbach: klares, kühles, schnellfließendes Wasser mit hohem Sauerstoffgehalt und einem Kiesbett zum Ablaichen. Auch im seichten Wasser sauberer Seen findet man Forellen.

Seitenlinie

Die besonders beweglichen Brustflossen ermöglichen dem Fisch, aufwärts oder abwärts zu schwimmen.

RÄUBER IN STROMLINIENFORM
Die Europäische Forelle lebt, wie alle Forellen, räuberisch. Ihre Nahrungspalette reicht von kleinen Süßwasserkrebsen (z. B. Wasserflöhen), Insekten und deren Larven (z. B. Fliegen und Köcherfliegenlarven) bis zu Muscheln. Große Seeforellen jagen auch andere Fische wie Saiblinge und Weißfische.

Europäische Forelle

REGENBOGENFARBEN
Die Regenbogenforelle stammt aus dem Westen Nordamerikas (vor allem aus Kalifornien). Auch bei ihr gibt es Meer-, See- und Bachformen. Seit 1880 wurde dieser Fisch in vielen Flüssen, Staubecken und Seen Europas eingebürgert, als Anglerfreude und Speisefisch. Regenbogenforellen pflanzen sich in manchen größeren Stauseen fort, aber die Flüsse müssen immer wieder mit gezüchteten Jungfischen besetzt werden. Die Regenbogenforelle verträgt wärmeres, sauerstoffärmeres Wasser als die Europäische Forelle, so daß sie in kleineren Seen und größeren Teichen ausgesetzt werden kann, in denen die Europäische Forelle wahrscheinlich eingehen würde.

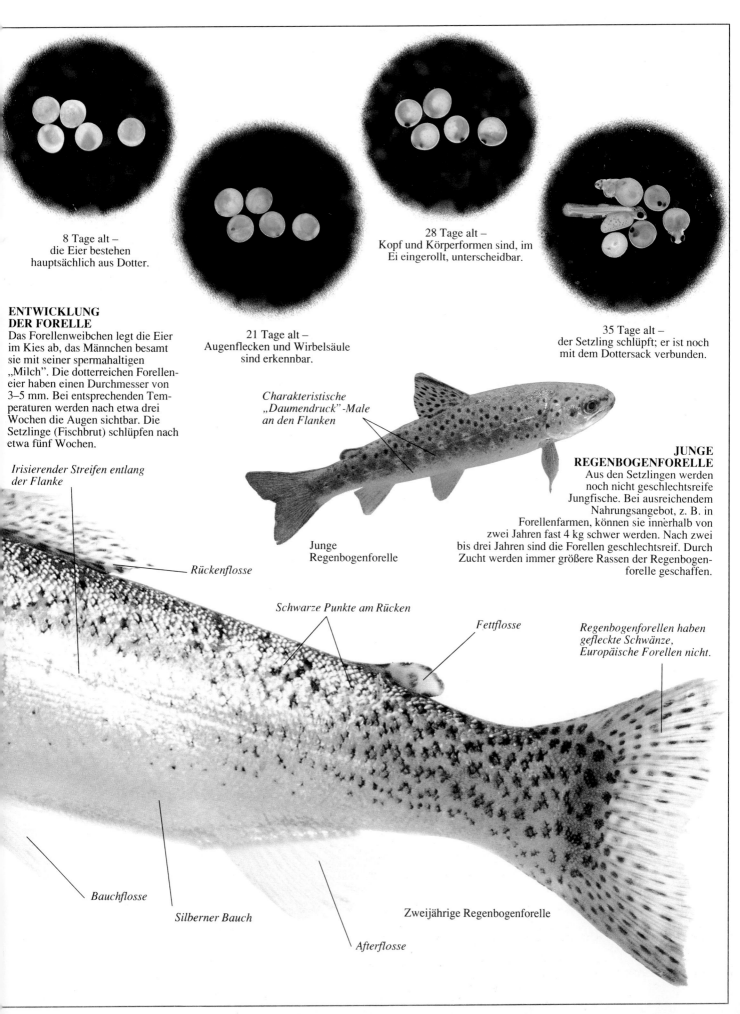

8 Tage alt –
die Eier bestehen
hauptsächlich aus Dotter.

28 Tage alt –
Kopf und Körperformen sind, im
Ei eingerollt, unterscheidbar.

21 Tage alt –
Augenflecken und Wirbelsäule
sind erkennbar.

35 Tage alt –
der Setzling schlüpft; er ist noch
mit dem Dottersack verbunden.

ENTWICKLUNG DER FORELLE

Das Forellenweibchen legt die Eier im Kies ab, das Männchen besamt sie mit seiner spermahaltigen „Milch". Die dotterreichen Forelleneier haben einen Durchmesser von 3–5 mm. Bei entsprechenden Temperaturen werden nach etwa drei Wochen die Augen sichtbar. Die Setzlinge (Fischbrut) schlüpfen nach etwa fünf Wochen.

Charakteristische „Daumendruck"-Male an den Flanken

JUNGE REGENBOGENFORELLE

Aus den Setzlingen werden noch nicht geschlechtsreife Jungfische. Bei ausreichendem Nahrungsangebot, z. B. in Forellenfarmen, können sie innerhalb von zwei Jahren fast 4 kg schwer werden. Nach zwei bis drei Jahren sind die Forellen geschlechtsreif. Durch Zucht werden immer größere Rassen der Regenbogenforelle geschaffen.

Junge
Regenbogenforelle

Irisierender Streifen entlang der Flanke

Rückenflosse

Schwarze Punkte am Rücken

Fettflosse

Regenbogenforellen haben gefleckte Schwänze, Europäische Forellen nicht.

Bauchflosse

Silberner Bauch

Zweijährige Regenbogenforelle

Afterflosse

Schwimmvögel

Wasser und das Leben im Wasser locken eine erstaunliche Vielzahl von Vogelarten an. Etwa 150 Wasservogelarten fühlen sich an Teichen, Seen und Flüssen zu Hause, darunter auch Schwäne, Gänse und Enten. Diese in der Regel schweren Vögel besitzen Schwimmhäute an den Füßen und z. T. lange, bewegliche Hälse, mit denen sie gründelnd den schlammigen Grund nach Nahrung absuchen können. Im Frühjahr bietet die dichte Ufervegetation vielen Arten sichere, geschützte Brutplätze. Im Sommer sieht man die stolzen Eltern ihre flauschigen Küken über das Wasser führen. Wasserpflanzen und -tiere sind die meiste Zeit über als Nahrung ausreichend vorhanden. Im Winter, wenn die Teiche zufrieren, ziehen sich viele Vögel in Parks und Gärten zurück und leben von den Krumen, die ihnen die Menschen zuwerfen. Andere fliegen oft weit in den Süden, um den Winter in günstigerem Klima zu verbringen.

Krickentennest mit Eiern

Eiderentennest mit Eiern

Weiche Daunen schützen die Eier im Nest vor Wärmeverlust.

FEDERBETT
Die besonders weichen, feinen Eiderdaunen rupft die Ente aus ihrem Brustgefieder und bedeckt damit die Eier in der Nestmulde. Das Nest findet man am Meeresstrand und an See- oder Flußufern.

KRICKENTENNEST
Die Krickente baut ihr N... im dichten Uferbewuchs... keine Räuber anzulocken... kehrt die Ente sehr vorsic... zum Nest zurück.

REIHERENTENEI
Die 6 bis 14 Reiherenteneier werden in ein Nest am Wasser gelegt. Die Küken schlüpfen nach 25 Tagen und können schon am ersten Tag schwimmen.

Die Krickente, eine
der kleinsten Enten

*Ein benutztes
Nest wäre mit
Daunen ausgelegt.*

SCHLICHTKLEID
Nach der Brutsaison mausert
der Spießentenerpel in das
unscheinbare „Schlichtkleid",
das dem Gefieder des Weibchens
ähnelt.

Spießenten-
flügel

ERPEL UND ENTE
In der Brutzeit tragen
die Erpel meist ein auf-
fälliges Brutkleid. So
auch das Spießenten-
männchen (ganz rechts),
das mit seinem Prachtkleid
die Weibchen auf sich
aufmerksam macht.

VORLIEBE FÜR MUSCHELN
Die Reiherente frißt Süßwassermuscheln, kleine Fische, Frösche
und Insekten.

Reiherente

Reiherenten-
schädel

DIE MOSCHUSENTE
Nord- und mittelamerikanische Tei-
che und Sümpfe sind ihre Heimat.
Mit ihrem breiten Schnabel frißt sie
Wasserpflanzen und -tiere.

Moschusente

Moschusenten-
schädel

GUTE FLIEGER
Alle Schwimmvögel sind
gute Flieger. Viele legen
auf dem Zug weite Strek-
ken zurück.

VORSICHT, BISSIGER SCHWAN!
Der Schnabel des Höckerschwans besitzt in der
Regel eine orangerote Hornscheide. Männliche
Schwäne können sehr bösartig werden, besonders
in der Brutzeit, wenn sie ihr Revier verteidigen.

Schwan

Fahne

*Der breite Schnabel eignet
sich gut zum Ausseihen
von Wasserpflanzen.*

Kiel

Schädel des Höckerschwans

GEFIEDERPFLEGE
Wasservögel sind auf ihre Federn als
Nässeschutz angewiesen und
verwenden daher viel Zeit für
die Gefiederpflege.

Schwungfedern

Andere Vögel am Wasser

Eisvogel

Eisvogelflügel

Wie ein Magnet zieht Wasser viele Vögel an. Manche Arten, von Spatzen bis zu Fasanen, kommen zum Trinken. Andere suchen hier nach Nahrung. Der große, anmutige Graureiher hält bewegungslos nach Beute Ausschau; als blaues Aufblitzen kann man einen nach Fischen tauchenden Eisvogel erkennen. Ufervegetation, Schwimm- und Wasserpflanzen, Fische, Frösche, Insektenlarven, Muscheln und andere Wasserlebewesen liefern vielen Vögeln Nahrung. Einige Arten, wie Rohrammer und Rohrsänger, finden Schutz im undurchdringlichen Schilfgürtel und in dichter Ufervegetation. Hier ziehen sie , sicher vor Räubern wie Fuchs und Habicht, ihre Jungen auf.

Die weißen Eier haben eine glänzende Schale.

FISCHFANG-EXPERTE
Der leuchtend bunte Eisvogel taucht von seinem Lieblingsansitz aus nach Fischen, Kaulquappen und Muscheln. Mit dem spitzen Schnabel versetzt er der Beute einen Dolchstoß, schlägt sie dann auf einem Zweig tot und verschlingt sie mit dem Kopf voran.

Eisvogeleier

WEISSE EIER
Die Bruthöhlen der Eisvögel sind bis zu 1 m tief in Steilufer gegraben; die Eier benötigen daher keine Tarnfärbung.

EISVOGELFLÜGEL UND -SCHWÄNZE
Die metallischen Farben dienen als Warntracht für Greifvögel, denn Eisvogelfleisch schmeckt widerlich.

Schwanz- und Flügelzeichnung sind von Art zu Art unterschiedlich.

Die kurzen Flügel schlagen im Flug sehr schnell.

Eisvogelschwanz

Eisvogelschädel

Spitzer Dolchschnabel

Graureiher

Reiherschädel

Langer, spitzer Dolchschnabel

LANG UND SCHMAL
Graureiher leben an Teichen, Sümpfen und Flüssen. Sie fischen im seichten Wasser nach Fischen und Fröschen.

SPEERSCHNABEL
Der furchterregende Schnabel ist eine ausgezeichnete Harpune. Reiher warten geduldig, bis ein Beutetier in Reichweite ist, stoßen dann mit ihrem langen Hals herab, erdolchen das Opfer, werfen es hoch und verschlucken es.

Rohrdommelschädel

DIE ROHRDOMMEL
In der sogenannten Pfahlstellung ist dieser Vogel im Schilf hervorragend getarnt. Er kann auch am Schilf hochklettern. Tief im Schilfgürtel verborgen baut die Rohrdommel ein flaches Plattformnest aus Blättern und Zweigen. Die fünf bis sechs Eier werden vier Wochen bebrütet.

HEIMLICHER JÄGER
Die Rohrdommel, ein tagaktiver Einzelgänger, fängt mit ihrem spitzen Schnabel Frösche, Insekten und kleine Fische.

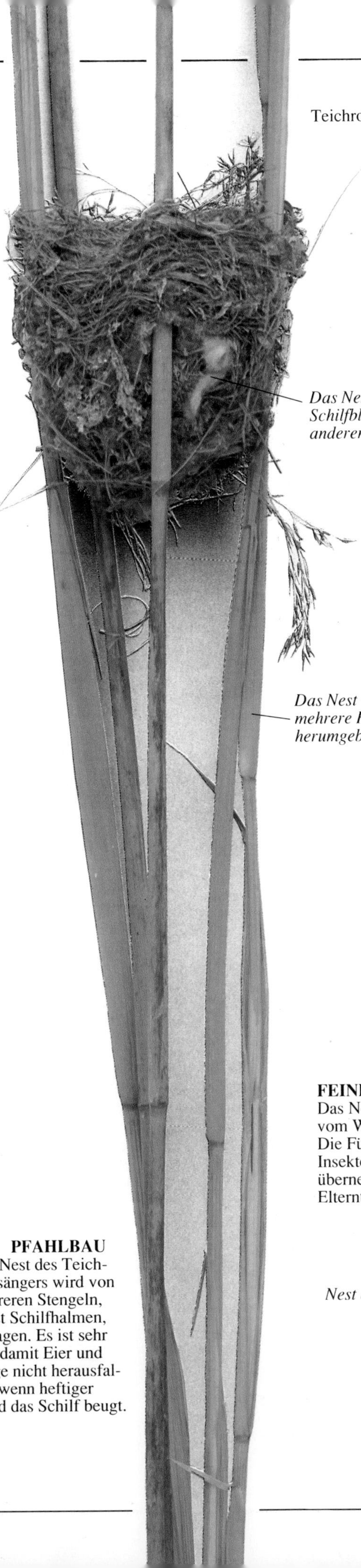

Teichrohrsängernest

Das Nest besteht aus Schilfblüten und anderen Pflanzen.

Das Nest wird um mehrere Halme herumgebaut.

Teichrohrsänger

ACHTUNG
Alle hier abgebildeten Eier stammen aus Museumssammlungen. Heute ist es verboten, Eier von freilebenden Vögeln zu sammeln.

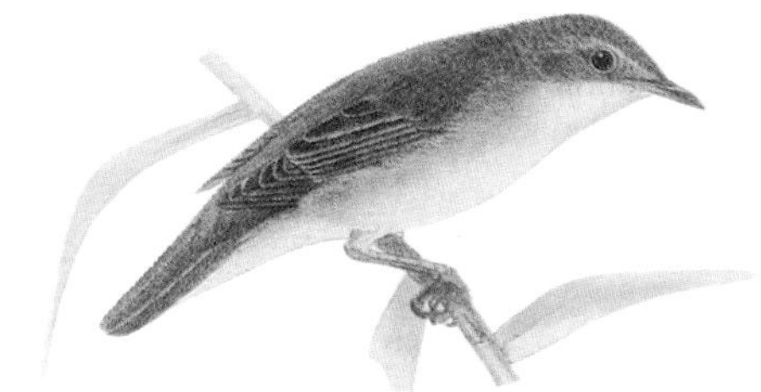

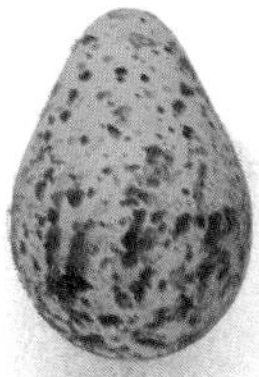

BEKASSINENEI
Durch die Sprenkelung sind die Eier dieses kleinen Watvogels im Nest gut getarnt.

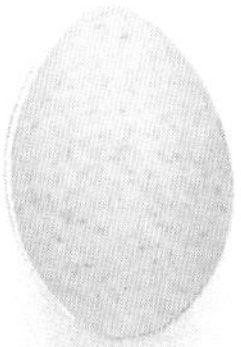

ZWERG-TAUCHEREI
Die ursprünglich weißen Eier verfärben sich durch Pflanzen und Schlamm.

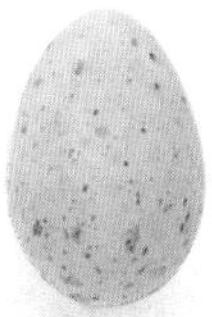

WASSER-RALLENEI
Wasserrallen sind scheue Vögel des Röhrichts. Ein Gelege kann bis zu 15 Eier enthalten.

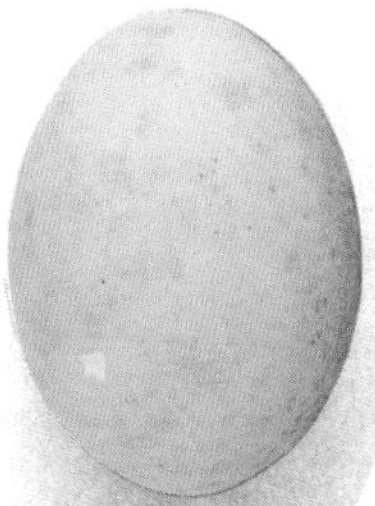

GRAUREIHEREI
Die blauen Eier werden in Baumnester aus Stengeln und Zweigen gelegt und gut verteidigt.

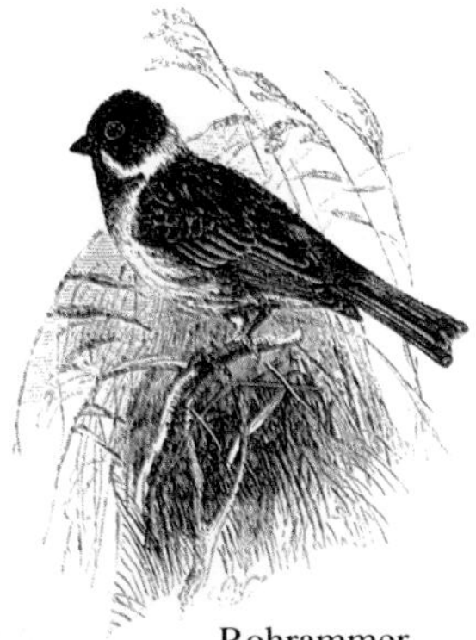

Rohrammer

FEINES FLECHTWERK
Das Nest der Rohrammer wird vom Weibchen allein gebaut. Die Fütterung der Jungen mit Insekten und Insektenlarven übernehmen beide Elternteile.

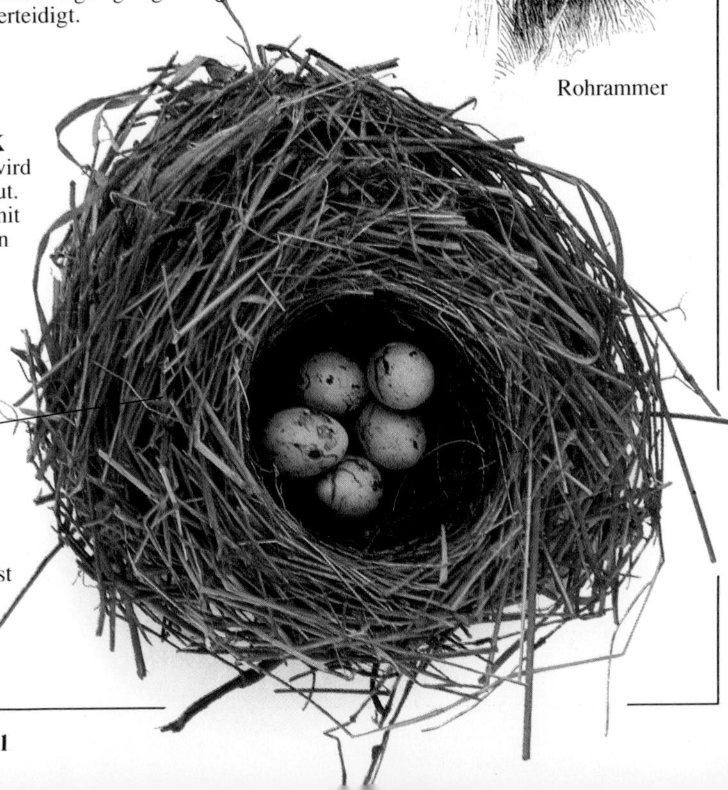

Nest aus Gras und Moos

Rohrammernest

PFAHLBAU
Das Nest des Teichrohrsängers wird von mehreren Stengeln, meist Schilfhalmen, getragen. Es ist sehr tief, damit Eier und Junge nicht herausfallen, wenn heftiger Wind das Schilf beugt.

Ried und Röhricht

Was man landläufig Ried und Röhricht nennt
sind im wissenschaftlichen Sinne zum Teil
ganz unterschiedliche Gesellschaften grasartiger
Pflanzen: Binsengewächse, Seggen, Schilf und Rohr-
kolbengewächse. Zu den Binsengewächsen gehören
die Binsen mit rundem Stengel und stengelartigen Blättern
und die Hainsimsen mit grasartigen Blättern. Die Seggen zählen zu den
Sauergräsern und besitzen feste, dreikantige Stengel; sie haben keine hohlen
Halme wie die echten Gräser, z. B. das Schilf. Allen gemeinsam ist nur
der Lebensraum: nasse
Sumpfwiesen und Ufer.

WINZIGE FRÜCHTE
Die dunklen Fruchtstände
der Sumpfsegge enthalten
die kleinen Früchte.

Heranreifende Früchte

Blaugrüne Binse

*Lockere
Blütenrispe*

**BLAUGRÜNE
BINSE**
Binsenblüten äh-
neln im Aufbau Lilien-
blüten, doch sind sie viel
kleiner und unscheinbarer
und werden vom
Wind bestäubt.

Schilfhalm
und Blätter

*Der Stengel bleibt im
Winter als hartes Rohr
erhalten.*

Sumpfsegge

BLÜTENWUNDER
Trotz ihres binsen-
ähnlichen Aussehens ist
die Schwanenblume
keine Binse. Sie wächst
jedoch im gleichen
Lebensraum wie Binsen.

Schwanenblume

*Rosa Blüten
auf blattlosen
Stielen*

**ALLGEGEN-
WÄRTIG**
Schilf wächst an
nahezu jeder
feuchten Stelle,
von brackigen Kü-
stenmarschen bis
zu Flachmooren,
Teich-, See- und
Flußufern. Es
wird bis zu
3 m hoch.

*Binsenartige
Gewächse*

Die männlichen Blüten geben Blütenstaubwolken ab.

Die weiblichen Blüten werden von Pollen befruchtet, den der Wind heranträgt. Die Früchte werden durch Aufspringen des Kolbens frei.

...lättriger ...olben

Falsche Fuchssegge

DIE FALSCHE FUCHSSEGGE
An der Spitze scharfkantiger Stengel sitzen die gelbgrünen Ähren mit männlichen und weiblichen Blüten (gleichährige Segge).

ZWEI ÜBEREINANDER
Die Rohrkolbenblüte ist zweiteilig: oben sitzt der männliche Kolben mit Hunderten von Staubbeuteln, unten der zigarrenförmige weibliche Kolben aus Tausenden weiblicher Blüten. Der Rohrkolben wird volkstümlich auch „Schilfrohr" genannt (vergleiche auch Moses im Schilf, S. 35).

Zwei bis vier weibliche Blütenstände

Männliche und weibliche Blüten in einer Ähre

Der dreikantige Stengel hat scharfe Kanten.

10–20 männliche Blütenstände

Ästiger Igelkolben

KLEINE IGEL
An den Stengeln des Ästigen Igelkolbens sitzen männliche und weibliche Blüten: die kleineren Bällchen an der Spitze sind männlich, die namengebenden igeligen Stachelköpfchen sind weiblich.

Ästiger Igelkolben

Blütenstiel

Tragblatt am Grund eines jeden Blütenastes

Der Schilfgürtel

Langsam aber sicher dringt der Schilfgürtel immer weiter ins offene Wasser vor. Rund um den Teich breitet sich ein dichter Bewuchs von hohen Sumpfpflanzen wie Rohrkolben und Schilf aus. Diese Pflanzen besitzen unterirdische Sprosse (Rhizome). Die Rhizome wachsen auch ins seichte Wasser und lassen dort neue Triebe sprossen, die Tannenwedel, See- und Teichrosen verdrängen. Zwischen den kräftigen Stengeln wird die Wasserströmung gebremst, Schwebstoffe lagern sich ab. Alte Blätter, Stengel und Früchte kommen jedes Jahr hinzu. So wird aus offenem Wasser innerhalb weniger Jahre ein dicht bewachsener Sumpf. Der Schilfgürtel dringt immer weiter vor, am landseitigen Rand siedeln sich Pflanzen wie Weiden an, die etwas trockeneren Boden lieben. Eine solche zeitliche Aufeinanderfolge von Pflanzengesellschaften bezeichnet man als „Sukzession".

Knotenblütiger Sellerie

VERLANDUNG
Die Zeichnung unten zeigt typische Uferpflanzen. Links stehen Weidenbüsche und Seggen, es folgt der Schilfgürtel und im tieferen Wasser Tannenwedel und langstielige Teichrosen. Wenn der Schilfgürtel ins Wasser vordringt, entsteht neuer Sumpfboden, im Laufe der Jahre verschieben sich die einzelnen Pflanzengesellschaften immer weiter zur Teichmitte hin. Das ist jedoch nicht bei allen Gewässern der Fall. Der Mensch schneidet Schilf; Tiere, Stürme, Überschwemmungen und Pflanzenkrankheiten können ein Gleichgewicht erhalten.

Trockenes Land

Verlandungszone

Flachwasserzone

Offenes Wasser

Kriechstengel

Unterirdisches Rhizom

REETGEDECKTE DÄCHER
Vielerorts werden die langen, dauerhaften Schilfhalme zum Decken von Dächern benutzt, bei Hütten in Ägypten und im Sudan, Pfahlbauten in Indonesien, Holzhäusern im Süden Nordamerikas, z. T. auch bei Bauernhäusern in England (oben) und Norddeutschland. Gute Reetdächer sind hervorragend wasserdicht und wärmedämmend und können 40 Jahre oder länger halten.

DER KNOTENBLÜTIGE SELLERIE
Fast wie Brunnenkresse sieht der Knotenblütige Sellerie aus. Man findet ihn in großer Zahl an der Landseite vieler Schilfgürtel. In Deutschland kommt er nur im Westen und Südwesten vor.

NÄHRSTOFFREICH
Der zähe schwarze Schlamm der Schilfgürtel enthält viele verwesende Pflanzen- und Tierreste. Die Nährstoffe werden von den Pflanzen bald wiederverwendet.

Schlamm aus dem Schilfgürtel

Kalmus

Lange gerade Stengel

Die Blütenrispe steht bis zu 2,5 m hoch über den Wurzeln.

Dunkelgrüne Blätter mit hellen Unterseiten

FRÜHE ERNTE
Schilf wird meist im Spätwinter oder im frühen Frühjahr geschnitten. Die alten Halme werden noch vor dem Austreiben der neuen Sprosse abgeschnitten, so daß die nächste Ernte gesichert ist.

DICKFLEISCHIG
Die saftigen, bandförmigen Blätter des Kalmus sprießen aus einem dicken horizontalen Sproß, dessen viele kleine Wurzeln zur Verfestigung des Sumpfbodens beitragen.

Frischer Korbweidentrieb

Die dünnen Blätter vertrocknen am abgebrochenen Ast schnell.

Spitze eines Schilfhalms

MOSES IM...
Moses soll als Säugling in einem Körbchen im Schilfgürtel am Nilufer versteckt worden sein. Auf Darstellungen dieser Begebenheit ("Moses im Schilf") ist Moses von Schilf oder oft auch als "Schilf" bezeichnetem Rohrkolben umgeben. (S. 33). Moses' Körbchen wird allerdings eher zwischen Papyruspflanzen gestanden haben, die am Nil wachsen und mit unserem Zypergras verwandt sind.

WEIDEN ZUM FLECHTEN
Korbweiden wachsen auf der Landseite von Schilfgürteln auf weniger sumpfigem Boden. Sie werden oft auf den Stock gesetzt (am Boden abgeschnitten), die langen biegsamen Triebe werden als Weidenruten für Körbe und Korbmöbel verwendet.

SCHLANK UND RANK
Die geraden, schlanken Halme des Schilfs sind zum Dachdecken ideal. Sie werden auch zur Papierherstellung und für andere Zelluloseprodukte benutzt. Die Pflanzen im Schilfgürtel wachsen oft sehr schnell wegen des Nährstoff- und Wasserreichtums sowie des durch schmale Stengel und Blätter auch am Boden noch ausreichenden Lichts.

Basis eines Schilfhalms

Säuger am Wasser

Am Süßwasser, von Flüssen und Bächen bis zu sumpfigen See- und Teichufern, findet eine ganze Reihe von Säugetieren Wohnung und Nahrung. Die hier abgebildeten „Wassersäuger" besitzen ein ans Wasserleben angepaßtes Fell. Das Nerzfell z.B. besteht im wesentlichen aus zwei Haartypen: lange, dicke, abgeplattete Deckhaare schützen den Körper und verleihen ihm eine Tarnfärbung; auf jedes Deckhaar kommen 20 oder mehr Flaumhaare, die nur halb so lang sind und eine wasserabweisende, isolierende Luftschicht am Körper festhalten. Um den Pelz in gutem Zustand zu halten, verwendet das Tier daher viel Zeit auf seine Pflege. Eine weitere Anpassung an das Wasserleben stellen Schwimmhäute zwischen den Zehen dar.

KLEINER JÄGER

Die dunklhaarige Wasserspitzmaus ist nur ca. 9 cm lang. Wenn sich dieser emsige Insektenfresser durch sein enges Gangsystem in der Uferböschung zwängt, wird das Wasser aus dem Fell gedrückt. Die Wasserspitzmaus frißt kleine Fische, Wasserinsekten und Frösche und fängt an Land Würmer und andere Kleintiere.

Nerz

ANPASSUNGSFÄHIGER RÄUBER

Nerze sind weniger spezialisierte Jäger als Fischotter und fressen neben Fischen auch Vögel, Insekten und Landtiere wie Kaninchen. Die breiten, mit Schwimmhäuten versehen Füße sorgen beim Schwimmen für den Vortrieb.

Schädel des Amerikanischen Nerz

Reißzähne

Backenzähne

ZAHNLOSER SCHNABEL

Ein frisch geschlüpftes Schnabeltier hat noch Zähne, die es aber bald verliert. Die Erwachsenen zermahlen Muscheln, Wasserinsekten und Würmer mit den Hornplatten an ihren Kiefern.

REISSEN UND SCHNEIDEN

Die vier langen Eckzähne vorn im Maul des Nerzes die dazu, Beute zu fangen und in Stücke zu reißen. Die Bac zähne besitzen Leisten zum Zerschneiden der Nahrung.

Schnabeltierschädel

Schnabeltier

Schnabel zum Zermahlen der Nahrung

ENTENSCHNABEL UND SÄUGERFELL

Das australische Schnabeltier, ein eierlegendes Säugetier, besitzt einen mit einer ledrigen Haut überzogenen „Schnabel", der reich mit Tastsinneszellen versehen ist. Mit ihm ertastet es seine Nahrung, wenn es damit im Schlamm das Bachbetts wühlt. Augen und Ohren sind beim Tauchen geschlossen.

BIBERBURG

Biber leben in einem halb unter Wasser stehenden Ba aus Schlamm und Ästen, der „Biberburg". Sie bauen einen Damm aus Ästen, Zweigen, Steinen und Lehm quer durch den Bach. Dadurch steigt das Wasser, die Burg wird vom Festland abgetrennt und somit geschützt. Für den Winter legen Biber einen Vorrat aus Zweigen an.

Biberburg

Wände aus Lehm und Stöcken

Wohnhöhle (über Wasser)

Eingang (unter Wasser)

Vorratskammer

Aufgestauter Wasserspiegel

Damm

Die Eckzähne dienen zum Festhalten der Fische.

Fischotterschädel

WACHSAMER SCHWIMMER
Nasenlöcher, Augen und Ohren sitzen weit oben am Kopf, so daß der Fischotter tief im Wasser schwimmen und trotzdem atmen, sehen und hören kann.

OTTERJAGD
Füher wurde die Otterjagd als Sport angesehen. Obwohl er in den meisten Ländern geschützt ist, wird der Fischotter mancherorts noch gejagt. Aber auch Angler und Freizeitsportler sowie die Gewässerverschmutzung gefährden diese Art.

SPIELE FÜRS LEBEN
Fischotter verbringen viel Zeit mit Spielen, entweder allein oder miteinander. Solche „Spiele" schulen die Jagdfertigkeiten.

RIESIGE NAGEZÄHNE
Die großen, meißelförmigen Vorderzähne des Bibers (typisch für Nager) können Baumstämme mühelos durchnagen.

Mahlzähne

HOLZFÄLLER
Biber fällen Bäume für ihre Burg (unten links) und um Rinde und Blätter zu fressen. Sie ernähren sich auch von anderen Pflanzen, vor allem von Wasserpflanzen.

Große Nagezähne

Biberschädel

Biber

KLATSCHEN BEI GEFAHR
Der Biberschwanz ist platt und schuppig. Er dient als Ruder und wird außerdem zur Warnung der Artgenossen bei Gefahr flach aufs Wasser geschlagen.

Biberschwanz

Frösche, Kröten, Molche

Amphibien oder Lurche sind noch keine echten Landtiere. Wie der wissenschaftliche Name (*amphi* für „beide", *bios* für „Leben") andeutet, führen sie ein Doppelleben: in der Jugend leben sie im Wasser, als Erwachsene an Land. Viele erwachsene Amphibien sind an feuchte Lebensräume gebunden, um nicht auszutrocknen. Einige Arten atmen mit Lungen und Haut, und nur feuchte Haut kann Sauerstoff aufnehmen. Die aus ihren Eiern geschlüpften kleinen Amphibien nehmen den im Wasser gelösten Sauerstoff ebenfalls mit der Haut auf; zusätzlich besitzen sie Kiemen zum Atmen. Manche Amphibien, z.B. Grasfrosch und Erdkröte, bevorzugen stehende Gewässer zum Ablaichen. Andere wie der Hellbender, ein sehr großer Salamander aus Nordamerika, leben in schnellfließenden Gewässern. Ein Grund dafür mag sein, daß Fließgewässer sauerstoffreicher sind als stehende Gewässer und solche großen Amphibien viel Sauerstoff benötigen. Bei den Amphibien unterscheidet man zwei Hauptgruppen: Schwanzlurche (Molche und Salamander) und Froschlurche (Frösche und Kröten).

Tiger-Querzahnmolch

LAICHSTRÄNGE
Erdkrötenlaich wird als gallertiges, schwarz gepunktetes Band von z.T. über 2 m Länge um Pflanzenstengel und Blätter gewunden.

LAICHKLUMPEN
Die Eier des Wasserfrosches schwimmen unter der Wasseroberfläche. Laichklumpen mehrerer Weibchen bilden oft große Laichteppiche.

GEFLECKT
Bei Grasfröschen gibt es starke Farbvariationen, aber meist sind sie olivgrünbraun gefleckt.

Grasfroschlaich

WARNTRACHT
Die lebhafte Gelb-Schwarz-Zeichnung des Tiger-Querzahnmolchs ist ein Warnsignal. Sie zeigt möglichen Räubern, daß die Hautdrüsen des Molchs widerlich schmeckende Sekrete abgeben.

Warntracht

Erdkrötenlaich

Vorderfüße ohne Schwimmhäute

Kuba-Laubfrosch

Trommelfell

Einjähriger Grasfrosch

Erdkröte

Runde Fingerkuppen mit Saugnäpfen

Rotohrfrosch

DER ROTOHRFROSCH
Frösche besitzen kein Außenohr. Hinter dem Auge liegt direkt das Trommelfell. Daß Frösche trotzdem gut hören, läßt sich aus dem Quaken schließen, mit dem sie sich verständigen.

SAUG-NÄPFE
Der Kuba-Laubfrosch besitzt runde Fingerkuppen mit Saugnäpfen zum Festhalten an Blättern und Zweigen. Die erwachsenen Tiere leben auf Bäumen.

GRÜNROCK
Die grellgrüne Haut des australischen Zwerglaubfroschs ist eine gute Tarnung im Grün seiner heimatlichen Wälder

Zwerglaubfrosch

SPAZIERGANG
Die untersetzte, plumpe Erdkröte bewegt sich am liebsten langsam vorwärts, doch bei Gefahr kann sie auch springen. Die Zehen sind durch Schwimmhäute verbunden, die Finger nicht.

Gefleckte Tarnfärbung

Hinterfüße mit Schwimmhäuten

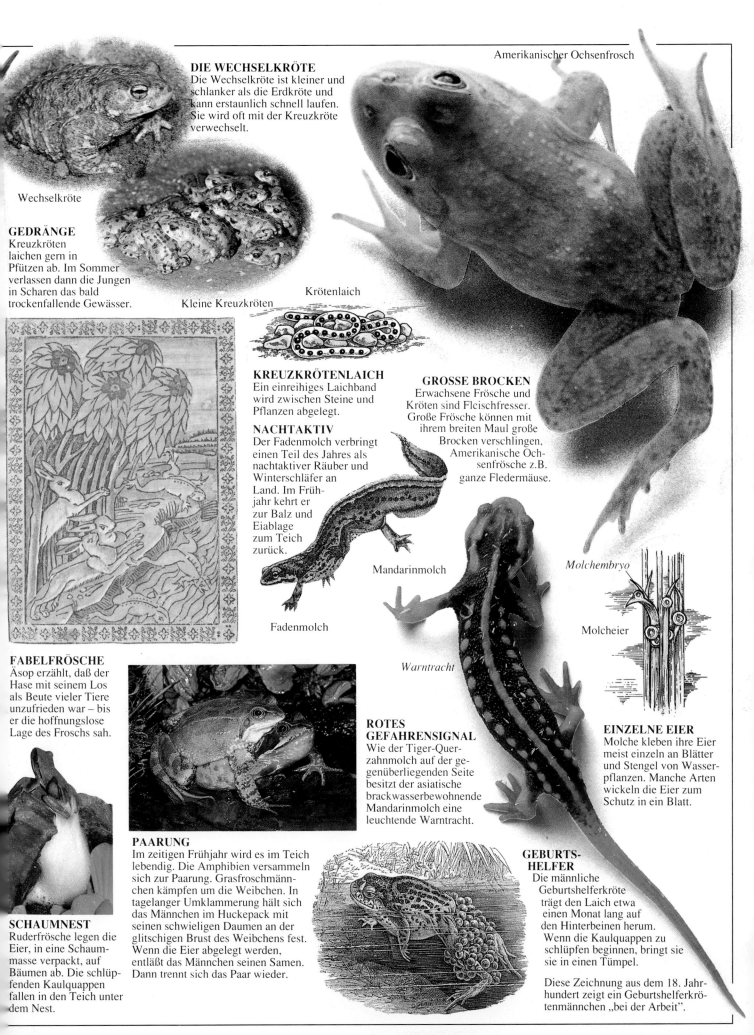

Amerikanischer Ochsenfrosch

DIE WECHSELKRÖTE
Die Wechselkröte ist kleiner und schlanker als die Erdkröte und kann erstaunlich schnell laufen. Sie wird oft mit der Kreuzkröte verwechselt.

Wechselkröte

GEDRÄNGE
Kreuzkröten laichen gern in Pfützen ab. Im Sommer verlassen dann die Jungen in Scharen das bald trockenfallende Gewässer.

Kleine Kreuzkröten

Krötenlaich

KREUZKRÖTENLAICH
Ein einreihiges Laichband wird zwischen Steine und Pflanzen abgelegt.

NACHTAKTIV
Der Fadenmolch verbringt einen Teil des Jahres als nachtaktiver Räuber und Winterschläfer an Land. Im Frühjahr kehrt er zur Balz und Eiablage zum Teich zurück.

Mandarinmolch

Fadenmolch

GROSSE BROCKEN
Erwachsene Frösche und Kröten sind Fleischfresser. Große Frösche können mit ihrem breiten Maul große Brocken verschlingen, Amerikanische Ochsenfrösche z.B. ganze Fledermäuse.

Molchembryo

Molcheier

Warntracht

FABELFRÖSCHE
Äsop erzählt, daß der Hase mit seinem Los als Beute vieler Tiere unzufrieden war – bis er die hoffnungslose Lage des Froschs sah.

ROTES GEFAHRENSIGNAL
Wie der Tiger-Querzahnmolch auf der gegenüberliegenden Seite besitzt der asiatische brackwasserbewohnende Mandarinmolch eine leuchtende Warntracht.

EINZELNE EIER
Molche kleben ihre Eier meist einzeln an Blätter und Stengel von Wasserpflanzen. Manche Arten wickeln die Eier zum Schutz in ein Blatt.

PAARUNG
Im zeitigen Frühjahr wird es im Teich lebendig. Die Amphibien versammeln sich zur Paarung. Grasfroschmännchen kämpfen um die Weibchen. In tagelanger Umklammerung hält sich das Männchen im Huckepack mit seinen schwieligen Daumen an der glitschigen Brust des Weibchens fest. Wenn die Eier abgelegt werden, entläßt das Männchen seinen Samen. Dann trennt sich das Paar wieder.

SCHAUMNEST
Ruderfrösche legen die Eier, in eine Schaummasse verpackt, auf Bäumen ab. Die schlüpfenden Kaulquappen fallen in den Teich unter dem Nest.

GEBURTS-HELFER
Die männliche Geburtshelferkröte trägt den Laich etwa einen Monat lang auf den Hinterbeinen herum. Wenn die Kaulquappen zu schlüpfen beginnen, bringt sie sie in einen Tümpel.

Diese Zeichnung aus dem 18. Jahrhundert zeigt ein Geburtshelferkrötenmännchen „bei der Arbeit".

Jäger im Wasser

Vor mehr als 300 Millionen Jahren erschienen die Reptilien (Kriechtiere) auf der Erde. Sie stammen wahrscheinlich von Amphibien (S. 38 – 39) ab. Der Vorteil der Reptilien gegenüber den Amphibien, deren gallertige Eier Wasser brauchen, ist, daß sie ihre hartschaligen Eier an Land ablegen können und somit Unabhängigkeit vom Wasser erlangt haben. So beherrschten sie bald in Gestalt der Dinosaurier das Land. Seitdem aber haben einige Reptiliengruppen eine Kehrtwendung zurück zum Wasserleben vollzogen. Viele Schlangen lieben das Wasser, sind gute Schwimmer und jagen Fische, Frösche, Wasserinsekten und Landtiere, die zum Trinken an ihren Teich oder Fluß kommen. Auch die meisten Schildkrötenarten und vor allem die Krokodile sind hervorragend an den Lebensraum Wasser angepaßt, obwohl sie ihre Eier an Land ablegen müssen.

WASSERRIESE
Eine der längsten und sicherlich die schwerste Schlange ist die Wasserboa oder Anakonda aus dem nördlichen Südamerika. Exemplare bis zu 9 m Länge und 200 kg Gewicht wurden gefunden. Sie kann Tiere von der Größe eines Schweins verschlingen.

Wasser-Mokassinschlange

Vipernatter

Die Zick-Zack-Zeichnung auf dem Rücken der Schlange ähnelt der der Kreuzotter.

TIEF IM SUMPF
Dieser alte Stich zeigt die Wasser-Mokassinschlange, eine giftige Sumpfschlange aus dem Südosten der USA. Bei Gefahr reißt diese Schlange das Maul weit auf und zeigt die weiße Mundhöhle, daher wird sie in ihrer Heimat „Cottonmouth" (Baumwollmaul) genannt.

Schlangen schwimmen mit Schlängelbewegungen im Wasser.

NICHT EINMAL EIN WASSERKRÄUSELN

Die europäische Vipernatter schwimmt mühelos unter der Wasseroberfläche dahin und fängt praktisch jedes Tier entsprechender Größe von Fischen über Frösche bis zu kleinen Säugern. Ausgewachsene Vipernattern werden bis über 80 cm lang (die Abbildung zeigt eine junge Schlange). Trotz ihres Namens und der Zeichnung auf dem Rücken ist die Vipernatter, eine nahe Verwandte der Ringelnatter, ungiftig.

Schildkröten

Auch Schildkröten gehören, wie die Schlangen, zu den Reptilien. Sie haben eine Schuppenhaut, aber vier Beine und einen meist hornplattenbedeckten Panzer. Neben Landschildkröten, von denen einige selbst in Wüsten vordringen, gebt es hervorragend an das Leben im nassen Element, sei es Meer- oder Süßwasser, angepaßte Schildkröten. Manche besitzen sogar paddelartige Schwimmfüße und statt Hornplatten einen ledrigen Bauchschild, durch den sie Sauerstoff aufnehmen können. Die meisten Wasserschildkröten sind Allesfresser und nehmen Wassertiere, von Uferbäumen herabfallende Früchte, Aas und Wasserpflanzen zu sich.

Charakteristische Gelb-Braun-Zeichnung

Gelbbauch-Schmuck-schildkröte

Das linke Vorderbein zeigt nach vorn, wenn das rechte hinten ist.

Panzer ohne Hornplatten

Weichschildkröte

Kräftige, hakige Hornkiefer

Füße mit Schwimmhäuten

Glatte Panzerplatten

Höckerige Hornplatten des Rückenpanzers

KREUZGANG

Die Gelbbauch-Schmuckschildkröte kann auf dem Gewässergrund laufen oder schwimmen, indem sie immer den Vorderfuß der einen und den Hinterfuß der anderen Seite gleichzeitig nach vorn bzw. nach hinten führt.

WEICHE SCHALE

Weichschildkröten besitzen keinen Panzer aus harten Hornplatten. Diese in natürlicher Größe abgebildete Jungschildkröte kann etwa 30 cm lang werden.

PANZERKNACKER

Diese junge Schnappschildkröte wird einmal fast 50 cm lang. Ihre kräftigen, hakigen Kiefer können sogar den Panzer anderer Schildkröten aufbrechen, die auch zur Nahrung dieser Art gehören.

Schnappschildkröte

Wasserschlangen fressen alle Arten von Wassertieren. Auch dieser Frosch hat Pech gehabt.

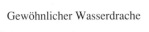

Gewöhnlicher Wasserdrache

DER WASSERDRACHE

Der an ostaustralischen Flüssen recht häufige Gewöhnliche Wasserdrache kann mit Hilfe seines seitlich abgeplatteten Schwanzes und der langen Beine hervorragend schwimmen. Der Rumpf wird fast 1 m, der Schwanz mehr als doppelt so lang. Er frißt, was immer er im Wasser und am Ufer findet, von Würmern und Fröschen bis zu Muscheln, kleinen Säugern und Früchten.

Schwimmende Blüten

Die Menschen der Antike sahen mit Erstaunen, wie, bald nachdem Regenfälle ausgetrocknete Flußläufe gefüllt hatten, die herrlichen Blüten der Seerosen erschienen. Diese Schwimmpflanzen wurden daher zum Symbol der Unsterblichkeit; im alten Ägypten betete man den „Heiligen Lotos", eine Seerosenart, an. Ihr Tagesablauf macht diese Pflanzen besonders interessant: morgens sind die Blüten geschlossen, gegen Mittag entfalten sie ihre volle Schönheit, gegen Abend schließen sie sich wieder und sinken etwas ins Wasser. An trüben Tagen öffnen sie sich meist nicht vollständig. So können blütenbestäubende Insekten, die am ehesten am warmen Nachmittag fliegen, die Blüten besuchen. Bei Wind und Regen verheißendem, trübem Wetter können sich die geschlossenen Blüten nicht mit Wasser füllen. Blüten und Blätter sitzen auf kräftigen, elastischen – bei manchen Arten bis 3 m langen – Stengeln, die im schlammigen Bett von Teichen, Seen oder langsamfließenden Flüssen wurzeln.

Blütenknospe

TROPISCHES UNKRAUT
Die Tropische Wasserpest *(Eichhornia)*, eine schwimmende Rosettenpflanze mit wunderschönen Blüten, breitet sich rasch aus und verstopft dann oft Flüsse, Kanäle und Gräben.

Rote Seerosenhybride „Escarboucle"

Die Blätter sind herzförmig, rund oder oval.

Die Seerosenblätter sind rötlich gemustert.

Weiße Seerose

Die ledrigen Blätter sind wasserabweisend.

42

Rosafarbene Hybride

Auffällige gelbe Staubblätter

SEEROSEN UND IHRE HYBRIDEN
Über die ganze Erde verteilt gibt es etwa 60
Seerosenarten (in manchen Gegenden Lotos
genannt). Ihre schönen, wachsartigen Blüten und
großen runden Blätter haben sie zur „Königin" der
Wassergärten und Zierteiche gemacht. Mittlerwei-
le gibt es Zuchtformen in den unterschiedlichsten
Farben.

Gelbe Hybride
„Chromatella"

Wachsartige Blütenblätter

Rosenfarbene Hybride

SCHWIMMENDE TELLER
Die Blätter der Amazonas-Seerose
gehören zu den größten überhaupt.
Sie können einen Durchmesser von
über 1,50 m erreichen, besitzen
einen hochgeschlagenen Rand und
unterseits Verstärkungsrippen.

SEEROSENBLATTHÜLLE
Die Raupe dieses Zünslers schneidet
ein Oval aus dem
Blatt und befestigt
es mit Seiden-
fäden an
der Unter-
seite.

Seerosenblatt

NÜTZLICHE BLÄTTER
Die Blätter der Seerosen werden von vielen Tieren genutzt. Schlammschnecken fressen daran und kleben ihre fleckig-gallertigen Eipakete (S. 8)
an ihre Unterseite. Frösche verstecken sich unter ihnen und lauern auf vor-
beikommende Insekten. Mancherorts ist der Bewuchs so dicht, daß Tiere
über die Seerosenblätter spazieren können. Das Afrikanische Blatthühnchen
hat lange, weit gespreizte Zehen und läuft auf der Suche nach Insekten und
Samen behende über die Blätter.

Schwimmpflanzen

Viele Wasserpflanzen sind nicht im schlammigen Teichboden verankert, sondern schwimmen frei auf dem Wasser. Die meisten haben Schleppwurzeln, die das Gleichgewicht halten helfen und Mineralien aufnehmen; manche sind allerdings wurzellos. Auf den ersten Blick haben diese Pflanzen wenig Probleme. Das Wasser trägt sie, und in der Teichmitte können größere Pflanzen sie nicht überschatten. Es gibt aber auch Nachteile: Wind wühlt das Wasser auf, die Wellen zerren und reißen an den Pflanzen; Regen kann sich auf den Blättern sammeln und sie unter Wasser drücken; das Blatt kann unter Wasser einfrieren.

KLEINSTE BLÜTENPFLANZEN
Wasserlinsen gehören zu den kleinsten und einfachsten Blütenpflanzen der Erde. Blüten bilden sie nur in flachen Wasser und bei reichlicher Sonnenbestrahlung aus. Die „Blättchen" enthalten luftgefüllte Hohlräume, die für Auftrieb sorgen.

Winzige Würzelchen nehmen Mineralien aus dem Wasser auf.

Wasserlinsen

Aufsicht

Seitenansicht

Drei der vielen Wasserlinsenarten sind hier abgebildet.

Algenteppich

Die blaßgrüne Masse besteht aus Hunderten fadenförmiger Pflanzen.

Vermehrung durch Bildung von Seitensprossen, die abbrechen und wegdriften

„ALGENBLÜTE"
Im Frühjahr beginnt das gewaltige Wachstum der Algen. Diese Pflanzen können sich so rasch vermehren, daß sie in kurzer Zeit die ganze Wasserfläche bedecken wie eine Decke aus grüner Watte, so daß darunter liegende Pflanzen kein Licht mehr bekommen.

Zwei neue „Blätter" sprießen aus einem alten.

Dreifurchige Wasserlinse

AUFTAUCHEN ZUM BLÜHEN
Diese Zeichnung zeigt eine Wasserlinsenart, die aber nur im blühenden Zustand auf dem Wasser schwimmt. Sonst bleibt sie knapp unterhalb der Oberfläche. Hier erfolgt vegetative Vermehrung durch die Bildung neuer Blätter, die sich dann ablösen.

Seerosenblatt und Blütenknospe (S. 42 – 43)

KREISRUND UND KRÄFTIG
Wie viele andere Schwimmblätter sind auch die der Seerosen rundlich. Diese Form verhindert wahrscheinlich ein Zerreißen bei bewegtem Wasser. Die glänzende Oberfläche ist wasserabweisend, damit die Blätter bei Regen nicht überflutet werden. Seerosen sind keine echten Schwimmpflanzen, da sie im Schlamm wurzeln (S. 42 – 43).

Algenfarn

Der Rosaton wird im Herbst dunkelrot.

Fadenwurzeln im Schlepptau

Die Blätter gleichen in der Form Seerosenblättern.

SAMEN UND KNOSPEN ÜBERWINTERN

Der Froschbiß, ein Verwandter der Krebsschere (unten), überdauert Eis und Frost ähnlich wie diese. Beim Froschbiß überwintern die Samen und die speziell ausgebildeten „Winterknospen". Beide werden im Herbst gebildet und sinken in den Schlamm, um dort bis zum Frühjahr zu ruhen und erst wieder aufzusteigen, wenn zunehmende Lichtintensität und höhere Temperaturen das Wachstum anregen. Im Sommer können die zarten weißen Blüten und nierenförmigen Blätter ganze Teiche und Gräben bedecken.

DER ALGENFARN

Der Algenfarn *Azolla* ist trotz seines moosartigen Aussehens ein echter Farn mit echten Wurzeln. Feine wasserabweisende Härchen verhindern ein Vollsaugen der Blättchen mit Wasser und damit das Sinken.

Froschbiß

Im Flachwasser wurzeln die Pflanzen manchmal.

Krebsschere

Schleppwurzeln

GRÜNE ROSETTEN

Im Sommer schwimmen die Blattrosetten der Krebsschere auf dem Wasser oder knapp unter der Oberfläche. Im Herbst scheiden die Blätter eine Hüllsubstanz ab, und die Pflanze sinkt tief ins Wasser, wo sie überwintert. Frische Frühjahrstriebe tragen sie wieder nach oben. Sie vermehrt sich durch Ausläufer, die in einigem Abstand von der Mutterpflanze Wurzeln schlagen, sowie durch männliche und weibliche Blüten auf getrennten Pflanzen.

BLÜHENDE KREBSSCHERE

Im Hochsommer werden männliche und weibliche Blüten auf getrennten Pflanzen ausgebildet. Nach der Blüte sinkt die Pflanze auf den Teichgrund.

Lange, unverzweigte Schleppwurzeln zur Stabilisierung im Wasser.

Unterwasserpflanzen

In Teichen und Flüssen wachsen Unterwasserpflanzen wie Bäume in einem Unterwasserminiaturwald. Sie bieten manchen Tieren Schutz, anderen Verstecke zum Ergreifen ahnungslos vorbeischwimmender Beute. Vielen Tieren, von Schnecken bis zu Enten, dienen sie als Nahrung. Wenn eine Pflanze Photosynthese treibt, d.h. mit Hilfe der Sonnenenergie neues Gewebe aufbaut, fällt als Nebenprodukt Sauerstoff an. Dieser löst sich im Wasser und wird von Pflanzen und Tieren veratmet. An sonnigen Tagen umhüllen kleine Sauerstoffblasen die Unterwasserpflanzen und steigen gelegentlich auf.

Rauhes Hornblatt

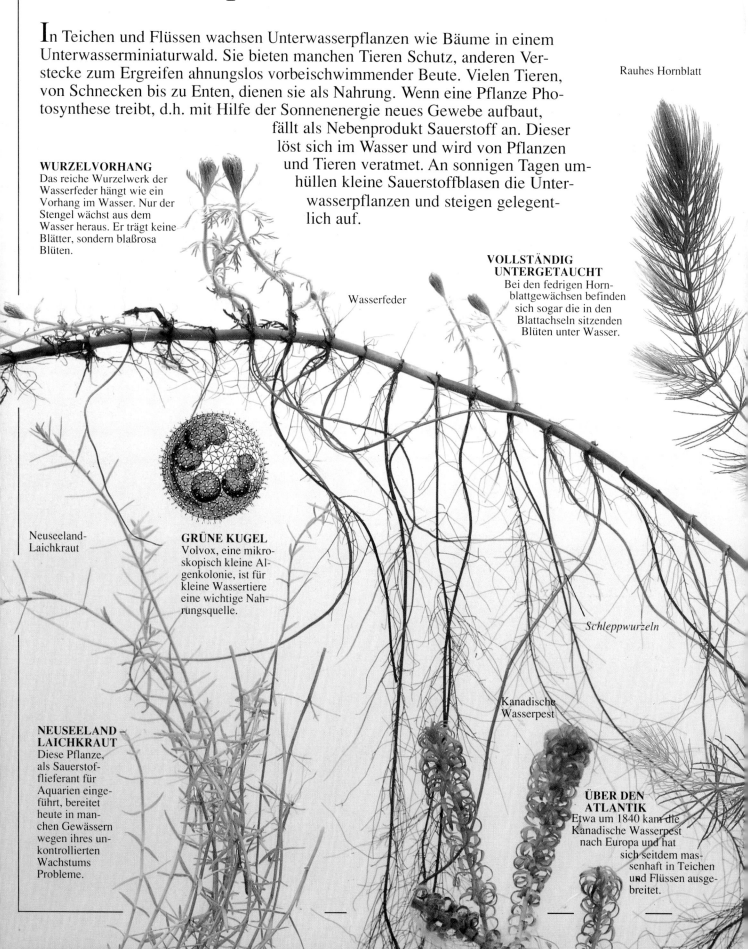

WURZELVORHANG
Das reiche Wurzelwerk der Wasserfeder hängt wie ein Vorhang im Wasser. Nur der Stengel wächst aus dem Wasser heraus. Er trägt keine Blätter, sondern blaßrosa Blüten.

Wasserfeder

VOLLSTÄNDIG UNTERGETAUCHT
Bei den fedrigen Hornblattgewächsen befinden sich sogar die in den Blattachseln sitzenden Blüten unter Wasser.

Neuseeland-Laichkraut

GRÜNE KUGEL
Volvox, eine mikroskopisch kleine Algenkolonie, ist für kleine Wassertiere eine wichtige Nahrungsquelle.

Schleppwurzeln

Kanadische Wasserpest

NEUSEELAND – LAICHKRAUT
Diese Pflanze, als Sauerstofflieferant für Aquarien eingeführt, bereitet heute in manchen Gewässern wegen ihres unkontrollierten Wachstums Probleme.

ÜBER DEN ATLANTIK
Etwa um 1840 kam die Kanadische Wasserpest nach Europa und hat sich seitdem massenhaft in Teichen und Flüssen ausgebreitet.

TEICHPLANKTON
Bei 25facher Vergrößerung
zeigt sich die mikroskopische
Welt des Planktons.

BARSCH IM „GRAS"
Die grasartigen Blätter
der Wasserschraube sind
ein ideales Versteck für
Fische, besonders für den
Flußbarsch, dessen Quer-
streifung (S. 23) ihn mit
dem Hintergrund optisch
verschmelzen läßt.

Wasserschraube

Rasenbinse

*Wie Kiefernnadeln
sehen die schmalen
Blätter aus.*

**SCHLANK
UND ZIERLICH**
Der blaßgrüne
Wasserstern
schwebt in Klumpen
im Wasser.

LANG UND LÄNGER
Die Rasenbinse wächst
normalerweise am Ufer,
manchmal aber auch
unter Wasser. Dann
wird sie sehr lang.

Wasserstern

Libellen

Sie sind große kraftvolle Flieger, die am Ufer auf und ab und über dem Wasser dahinfliegen und mit ihren riesigen Augen nach kleinen Fluginsekten Ausschau halten. Wie bei allen Insekten sind auch die Augen der Libellen aus vielen Einzelaugen zusammengesetzt, die wohl ein mosaikartiges Weltbild ergeben. Während die Erwachsenen pfeilschnell übers Wasser fliegen, leben die Larven am Grunde des Teichs. Wie ihre Eltern fressen sie, was sie erwischen, von anderen Wasserinsekten über Kaulquappen bis zu Fischen.

Kleinlibellen

Kleinlibellen sind die etwas kleineren und schlankeren Verwandten der Großlibellen. Obwohl sie diesen in Aussehen und Verhalten auf den ersten Blick sehr ähnlich sind, gibt es doch einige bedeutsame Unterschiede zwischen den beiden Gruppen. Am auffälligsten ist, daß Kleinlibellen ihre beiden Flügelpaare in Ruhestellung über dem Rücken zusammenlegen, während Großlibellen sie seitlich abspreizen.

GLEICHE FLÜGELPAARE
Im Gegensatz zu Großlibellen besitzen Kleinlibellen fast gleich große, abgerundete Vorder- und Hinterflügel.

Große Pechlibelle

Gemeine Binsenjungfer

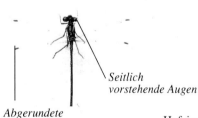

Seitlich vorstehende Augen

SIE UND ER
Die meisten Kleinlibellenweibchen besitzen ein etwas breiteres, weniger farbenprächtiges Abdomen als die Männchen.

Abgerundete Flügelspitzen

Hufeisen – Azurjungfer

Frühe Adonislibelle

KLEINERE AUGEN
Die kleinen Augen der Kleinlibellen sitzen seitlich am Kopf, Großlibellenaugen berühren sich oben am Kopf.

LANGSAME FLIEGER
Kleinlibellen fliegen in der Regel langsamer als ihre Vettern, die Großlibellen.

Abgestreifte Larvenhaut

Plattbauchlibellen-Larve

Larve der Blaugrünen Mosaikjungfer

Fangmaske — *Klauen durchbohren die Beute.* — *Fangmaske*

TODBRINGENDE MASKE
Libellenlarven fressen alles, was sie mit ihrer Fangmaske erwischen. Sie entspricht der verlängerten Unterlippe (Labium), mit zwei beweglichen Haken am Ende (s.o.). In Ruhestellung ist sie unter dem Kopf gefaltet und verbirgt dann einen Teil des Gesichts (daher „Maske"); sie kann blitzartig vorschnellen, die Beute durchbohren und sie in den Mund zurückziehen.

ALTE HAUT
Jede Einzelheit zeichnet sich an dieser von der letzten Häutung einer Braunen Mosaikjungfer zurückgebliebenen Larvenhülle ab. Libellen schlüpfen nachts oder frühmorgens, um Räubern zu entgehen.

PAARUNGSGRAD
Das Libellenmännchen umklammert das Weibchen. Dieses biegt sich nach vorn und nimmt Samen aus einem speziellen Behälter am vorderen Abdomen des Männchens auf.

DAS LEBEN DER LIBELLE
Aus einem ins Wasser abgelegten Ei schlüpft eine Larve, die wächst und sich dabei häutet. Während des zwei Jahre oder länger dauernden Zyklus geschieht dies, je nach Art, 8 – 15 mal. Nach und nach wird sie dem erwachsenen Insekt immer ähnlicher. Die dem „Vollkerf" (Erwachsenen) schon ähnlichen Larvenstadien nennt man „Nymphen". Die letzte Nymphe klettert an einem Stengel aus dem Wasser, häutet sich zum letzten Mal, und das flugfähige Insekt schlüpft.

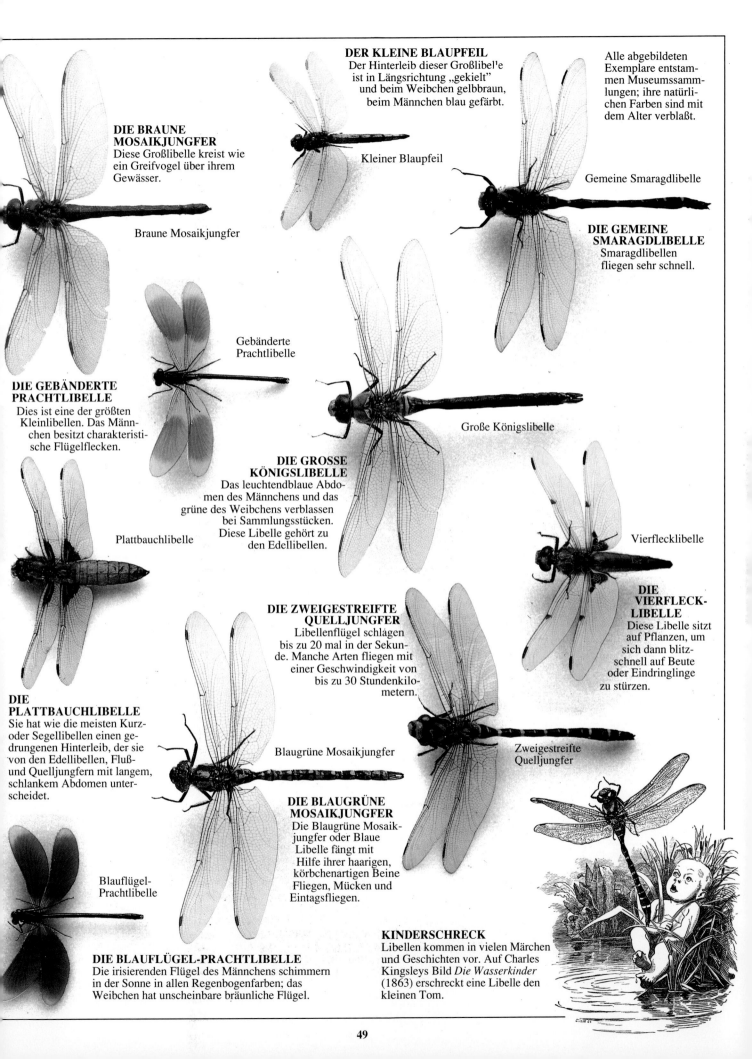

DER KLEINE BLAUPFEIL
Der Hinterleib dieser Großlibel¹e ist in Längsrichtung „gekielt" und beim Weibchen gelbbraun, beim Männchen blau gefärbt.

Alle abgebildeten Exemplare entstammen Museumssammlungen; ihre natürlichen Farben sind mit dem Alter verblaßt.

DIE BRAUNE MOSAIKJUNGFER
Diese Großlibelle kreist wie ein Greifvogel über ihrem Gewässer.

Kleiner Blaupfeil

Gemeine Smaragdlibelle

Braune Mosaikjungfer

DIE GEMEINE SMARAGDLIBELLE
Smaragdlibellen fliegen sehr schnell.

Gebänderte Prachtlibelle

DIE GEBÄNDERTE PRACHTLIBELLE
Dies ist eine der größten Kleinlibellen. Das Männchen besitzt charakteristische Flügelflecken.

Große Königslibelle

Plattbauchlibelle

DIE GROSSE KÖNIGSLIBELLE
Das leuchtendblaue Abdomen des Männchens und das grüne des Weibchens verblassen bei Sammlungsstücken. Diese Libelle gehört zu den Edellibellen.

Vierflecklibelle

DIE VIERFLECK-LIBELLE
Diese Libelle sitzt auf Pflanzen, um sich dann blitzschnell auf Beute oder Eindringlinge zu stürzen.

DIE ZWEIGESTREIFTE QUELLJUNGFER
Libellenflügel schlägen bis zu 20 mal in der Sekunde. Manche Arten fliegen mit einer Geschwindigkeit von bis zu 30 Stundenkilometern.

DIE PLATTBAUCHLIBELLE
Sie hat wie die meisten Kurz- oder Segellibellen einen gedrungenen Hinterleib, der sie von den Edellibellen, Fluß- und Quelljungfern mit langem, schlankem Abdomen unterscheidet.

Blaugrüne Mosaikjungfer

Zweigestreifte Quelljungfer

DIE BLAUGRÜNE MOSAIKJUNGFER
Die Blaugrüne Mosaikjungfer oder Blaue Libelle fängt mit Hilfe ihrer haarigen, körbchenartigen Beine Fliegen, Mücken und Eintagsfliegen.

Blauflügel-Prachtlibelle

KINDERSCHRECK
Libellen kommen in vielen Märchen und Geschichten vor. Auf Charles Kingsleys Bild *Die Wasserkinder* (1863) erschreckt eine Libelle den kleinen Tom.

DIE BLAUFLÜGEL-PRACHTLIBELLE
Die irisierenden Flügel des Männchens schimmern in der Sonne in allen Regenbogenfarben; das Weibchen hat unscheinbare bräunliche Flügel.

Wasserinsekten

İnsekten gibt es überall auf der Erde, auf Gletschern und in heißen Quellen, in Wüsten und in tropischen Regenwäldern. Etwa die Hälfte der 25 Insektenordnungen lebt im Süßwasser. Manche verbringen praktisch ihr ganzes Leben dort, z.B. Wasserkäfer und Wasserwanzen. Andere, wie Eintagsfliegen und Köcherfliegen, verbringen ihre „Kindheit" im Wasser, das Erwachsenenleben in der Luft. Bestimmte Wasserinsekten, u.a. die Wasserkäfer, atmen Luft und kommen daher regelmäßig an die Wasseroberfläche, um ihre Luftvorräte aufzufüllen (S. 51). Andere nehmen mit „Kiemen" Sauerstoff aus dem Wasser auf, während wieder andere im Wasser gelösten Sauerstoff durch ihre Haut einatmen können.

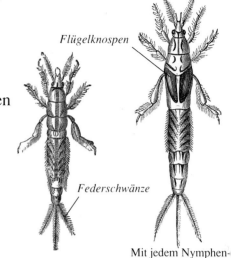

Flügelknospen

Federschwänze

Eintagsfliegenlarven werden wie Libellenlarven (S. 48) als Nymphen bezeichnet.

Mit jedem Nymphenstadium entwickeln sich die „Flügelknospen" weiter.

Rattenschwanzlarven

Schwebfliege
(Eristalis)

AUS MADEN WERDEN FLIEGEN
Aus Rattenschwanzlarven werden Schlammfliegen, die wegen ihres bienenähnlichen Aussehens volkstümlich auch „Mistbienen" heißen.

Atemrohr

MADE MIT SCHNORCHEL
(oben) Rattenschwanzlarven besitzen ein langes Atemrohr, das aus drei teleskopartig ausziehbaren Teilen besteht. Sie leben im Schlamm flacher Teiche und saugen verwesende Nahrung auf.

STÖCKE UND STEINE
Viele Köcherfliegenlarven leben im Wasser und umgeben sich mit Schutzhüllen. Deren Baumaterial ist arttypisch. Wenn die Larve wächst, verlängert sie ihren Köcher vorn.

Der Köcher wird durch Anfügen von neuem Material am Vorderende vergrößert.

Eintagsfliege

Charakteristische, lange Schwanzfäden

DREISCHWÄNZIGE „FLIEGE"
Drei Schwanzfäden kennzeichnen die meisten Larven und erwachsenen Eintagsfliegen. Angler benutzen Eintagsfliegen als „Spinner".

KÖCHERFLIEGEN
Köcherfliegen sind weit weniger bekannt als ihre wasserlebenden Larven. Sie sind mottenähnlich, unscheinbar grau oder braun und fliegen in der Dämmerung oder nachts. Sie halten sich in Wassernähe auf, fressen kaum und leben selten länger als einige Tage.

Die Larvenköcher hängen an Wasserpflanzen oder liegen auf dem Teichgrund.

Nur der Kopf der Larve kommt zum Fressen aus dem Köcher.

KURZES LEBEN
Eintagsfliegen treten im Frühling in großen Schwärmen auf. Sie fliegen nicht sehr gut, besitzen keinen Mund, fressen also nicht, und verbringen ihre wenigen Tage mit Paarung und Eiablage. Der „Tanz der Eintagsfliegen" zieht hungrige Fische an – und Angler, die sie als Forellenköder benutzen.

Die Fühler sind so lang wie der Körper.

Köcherfliegen

Flügel mit feinen Härchen

Pflanzenstengel

Kleine Steine

Leere Schneckengehäus

Jede Art baut charakteristische Köcher.

Köcheröffnun

Köcher von Köcherfliegenlarven

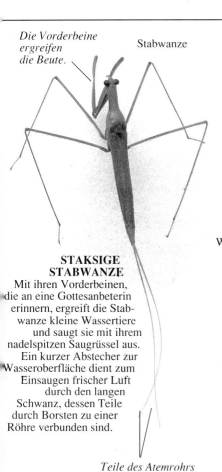

Die Vorderbeine ergreifen die Beute.

Stabwanze

Die Vorderbeine fangen Kaulquappen und andere Tiere.

Wasserskorpion

Wasserläufer

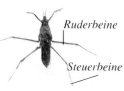

Ruderbeine

Steuerbeine

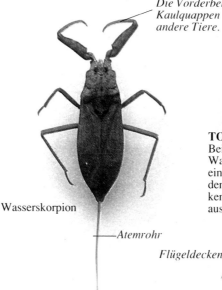

Wasserskorpion

—Atemrohr

STAKSIGE STABWANZE

Mit ihren Vorderbeinen, die an eine Gottesanbeterin erinnern, ergreift die Stabwanze kleine Wassertiere und saugt sie mit ihrem nadelspitzen Saugrüssel aus. Ein kurzer Abstecher zur Wasseroberfläche dient zum Einsaugen frischer Luft durch den langen Schwanz, dessen Teile durch Borsten zu einer Röhre verbunden sind.

Teile des Atemrohrs

TOTES BLATT?

Bei Gefahr lassen sich Wasserskorpione (hier eine kleinere Art) auf den Teichboden sinken und sehen dann aus wie ein totes Blatt.

DER WASSERLÄUFER

Die vier Hinterbeine des Wasserläufers haben dikke, wasserabweisende Haarkissen, die ein Untergehen verhindern, wenn diese Wanze über das Wasser huscht.

Flügeldecken

Ruderwanze

Haarige Schwimmbeine

Rückenschwimmer

GIFTSTACHEL?

Nein, der „Schwanz" des Wasserskorpions ist ein harmloses Atemrohr, kein giftiger Stachel wie bei seinem Namensvetter. Gefährlich sind die kräftigen, klauenförmigen Vorderbeine und die stechenden Mundwerkzeuge.

DER RÜCKENSCHWIMMER

Der Rückenschwimmer ist kein Käfer, sondern eine Wanze. Diese ungewöhnliche Aufsicht zeigt die harten Flügeldecken, die die zum Fliegen benutzten Hautflügel schützen. Meist schwimmt er jedoch mit dem Bauch nach oben.

DIE RUDERWANZE

Wie ein Ruderboot schwimmt diese Wanze mit dem Rücken nach oben. Sie ernährt sich von Pflanzenresten und Algen, die sie mit ihren siebartigen Vorderbeinen aus dem Wasser filtert.

Luftblase

TAUCHERGLOCKE

Die luftatmende Wasserspinne (kein Insekt, sondern ein Spinnentier) lebt in einer Art „Taucherglocke". Sie spinnt ein Netz zwischen Wasserpflanzen und füllt es mit Luft von der Oberfläche. Durch die in ihren Körperhaaren mitgeführte Luft erscheint die Spinne silbrig.

KÄFERKRAFT

In kleinen Teichen hat der Gelbrand wenig Feinde, ist jedoch der Feind vieler Insekten, Kaulquappen und kleiner Fische, z.B. des Stichlings.

LUFTVORRAT

Die luftatmenden Wasserkäfer haben zwei Methoden entwickelt, um Luft ins Wasser mitzunehmen. Viele Käfer halten die Luft in Haaren auf der Körperunterseite fest. Andere nehmen sie unter den Flügeldecken mit und haben dadurch Schwierigkeiten, abwärts zu schwimmen. Manche, wie der hier abgebildete Kolbenwasserkäfer, wenden beide Methoden an.

Kolbenwasserkäfer

Muscheln und Schnecken

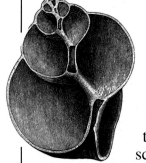

Alle hier in natürlicher Größe abgebildeten Schalen und Gehäuse haben zwei Gemeinsamkeiten: ihre Erbauer leben im Süßwasser und gehören zu den Weichtieren (Mollusken). Weichtierschalen bestehen in der Hauptsache aus Kalziumsalzen, z. B. Kalziumkarbonat (Kalk). Die Mineralien entnehmen die Tiere dem Wasser. Daher leben Wassermollusken bevorzugt in Gebieten mit hartem Wasser, in dem mehr Mineralien gelöst sind. Die meisten Schnecken fressen Wasserpflanzen und grasen Algenrasen von Steinen ab, einige wenige filtern ihre Nahrung aus dem Wasser. Die Muscheln strudeln Wasser ein und filtern Nahrungspartikel heraus.

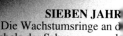

SIEBEN JAHR
Die Wachstumsringe an d
Schale der Schwanenmusch
lassen erkennen, daß sie etv
6 oder 7 Jahre alt i:

Wie atmen Wasserschnecken?

Wasserschnecken teilt man nach ihrer Atmung in zwei Gruppen ein: Schlammschnecken, Tellerschnecken und Blasenschnecken gehören zu den Lungenschnecken – sie sind wie die Landschnecken Luftatmer. Zum Atmen schwimmen sie an die Oberfläche, öffnen ein Atemloch und saugen Luft in einen lungenähnlichen Hohlraum. Die andere Gruppe sind die Vorderkiemer. Zu ihnen gehören Federkiemenschnecken, Sumpfdeckelschnecken und Schnauzenschnekken. Sie nehmen den Sauerstoff mit Kiemen auf.

MALERMUSCHEL
Die Schale dieser Muschel ist aufgeblasener als die der Schwanenmuschel.

RECHTSGEDREHT
Üblicherweise sind Große Schlammschnecken rechtsgedreht, es gibt aber auch Ausnahmen.

DURCHSICHTIGE SCHNECKE
Die Nautilus-Tellerschnecke ist so klein, daß ihre Schale fast transparent erscheint.

GRUNDNAHRUNGSMITTEL
Erbsenmuscheln sind die Hauptnahrung vieler Fische und Wasservögel.

WANDERNDE SCHLAMMSCHNECKE
Die Windungen dieser Gehäuse sind an der Spitze abgeplattet.

SPIRALIG GEWUNDEN
Die Weiße Tellerschnecke mit ihren engen Windungen lebt in Teichen und Bächen.

MARMORHAUS
Die Flußschwimmschnecke besitzt ein Gehäuse mit attraktivem Marmormuster.

GESCHLOSSENE SCHALEN
Hier sieht man die beiden symmetrischen Schalen der Zebramuschel.

Flußbewohner

Die unten und links abgebildeten Muscheln kommen häufiger in Fließgewässern als in Teichen vor. Die Wachstumsringe der Muscheln lassen ihr Alter erkennen, das bei großen Exemplaren durchaus ein Dutzend Jahre betragen kann. Schnecken zeigen auch Wachstumsringe, die jedoch nicht eindeutig einzelnen Jahren zugeordnet werden können.

Schnecken wachsen, indem sie die Schale an der Mündung erweitern.

GEDREHTE RÖHRE
Wie bei dieser Sumpfdeckelschnecke sind Schneckengehäuse gewundene, sich zur Mündung hin erweiternde Röhren.

KALKSAMMLER
Sumpfdeckelschnecken-Schalen können über 5 cm lang werden – dazu ist viel Kalzium nötig.

SCHNECKE MIT OHR
Die ausgebuchtete Mündung der Ohr-Schlammschnecke erinnert an ein menschliches Ohr.

BLASIGES GELENK
Diese Blasige Flußmuschel besitzt einen aufgeblasenen Wirbel nahe beim Gelenk.

DIE ZEBRAMUSCHEL
Diese Muschel ist mit klebrigen Byssusfäden am Felsen verankert.

FRISST WASSERPFLANZEN
Die Posthornschnecke weidet Wasserpflanzen ab.

CHARAKTERISTISCHES GEHÄUSE
Die letzte Windung des Gehäuses der Stumpfen Blasenschnecke ist sehr groß.

KOMPAKT UND GLÄNZEND
Diese gedrungenen, glänzenden Gehäuse gehören der Großen Langfühlerschnecke.

DIE RUNDE LANGFÜHLERSCHNECKE
Diese Gehäuse stammen von der Runden Langfühlerschnecke.

NAPFSCHNECKE
Die Flußnapfschnecke ist trotz ihres nicht gewundenen Gehäuses eine echte Schnecke.

AUF UND ZU
Mit einem Deckel, dem Operculum, verschließen Federkiemenschnecken ihr Gehäuse.

NICHT ZU SCHNELL
Die Teichnapfschnecke findet man oft in langsam fließenden Flüssen.

TÜR AUF
Das Operculum ist die Tür des Schneckenhauses, aus dem die Schnecke zum Fressen herauskriecht.

Das geschlossene Operculum verschließt die Gehäusemündung wasserdicht.

ZWEI ZARTE SCHALEN
Erbsenmuscheln sind zarte, zweischalige Strudler.

SÜSS UND SALZIG
Die aus Neuseeland eingeschleppte Art *Potamopyrgus jenkinsi* lebt im Brack- und Süßwasser.

Der Oberlauf des Flusses

Viele Flüsse entspringen als Gebirgsbäche, die durch Wiesen und Bergwälder plätschern. Tief eingeschnittene felsige Bachläufe, überhängende Zweige und das rauschende Wasser schaffen gegensätzliche Welten: schattige, feuchte Ufer mit üppiger Vegetation und ausgewaschene Bachbetten, nahezu ohne jegliches Pflanzenwachstum und mit wenigen, gut angepaßten Tieren. Hochwasser können ganze Tier- und Pflanzengesellschaften wegspülen. Doch bald keimen neue Samen und Sporen, und Tiere kriechen unter Steinen hervor und kämpfen sich wieder bachauf- wärts durch.

Wasseramsel

DIE WASSERAMSEL
Knicksend späht die Wasseramsel auf einem Stein in der Bachmitte nach kleinen Beutetieren. Sie kann auch mit dem Kopf gegen die Strömung nahrungssuchend über den Bachgrund laufen. Der Schwanz als Tiefenruder und die kräftigen Beine geben Halt.

KREBSPANZER
Der Flußkrebs, ein Verwandter des Hummers, bevorzugt hartes Wasser. Er benötigt große Mengen von Kalzium zum Aufbau seines Panzers.

FEUCHTE UFER
Moose, Farne und andere feuchtigkeitsliebende Pflanzen überziehen Ufer und in der Spritzwasser- zone liegende Steine. Die herzförmigen Blätter gehören dem Sumpfveilchen.

Mineralien aus dem Wasser bilden die harte Außenschale.

Flußkrebs

Frauenhaarmoos

Bovist

Farn

Lebermoos

KLEINER BALL
Pilze wie dieser junge Bovist ge- deihen im feuch- ten Schatten der Ufer gut.

FLECHTEN- ÜBERKRUSTET
Feuchter Schatten ist ideal für einige Flech- ten, Lebensgemein- schaften aus Pilzen und Algen. Auf die- sem Ast wachsen zwei verschiede- ne Blattflech- tenarten.

Wald- Hainsimse

Lebermoos

Sumpfveilchen

Groppe

STRÖMUNGSSPEZIALIST
Trotz der reißenden Strömung lebt die Groppe im Oberlauf der Flüsse. Mit ihrem abgeplatteten Kör- per kann sie sich unter Steinen verstecken.

ichenblätter

Eicheln

FUTTER VON OBEN
Äste von Bäumen, z. B. Eichen, hängen über dem Wasser; ihre herunterfallenden Früchte und Blätter sind Nahrung für die Flußbewohner.

Quellmoos

Insektengallen auf Eichenblättern

Tief geteilte Fiederblätter

Wald-Hainsimse

UNTERWASSERMOOS
Auf Steinen oder umgefallenen Baumstämmen sitzend, flutet das Quellmoos in langsamfließenden Bächen und Flüssen.

ZWISCHEN DEN STEINEN
Zwischen Steinen im Bach lagert sich Erde ab. Auf solchen kleinen Inseln siedeln sich Pflanzen an, wie hier die Wald-Hainsimse.

Sorireihen

Glänzende, ungeteilte Blätter

Moosschicht auf den Steinen

Wurmfarn

FIEDERWEDEL
Entlang der schattigen feuchten Flußufer wachsen viele Farnarten. Die Hirschzunge (ganz rechts) besitzt rippenartige Reihen brauner Sporenbehälter (Sori) auf der Blattunterseite. Die festen, ungeteilten Blätter sind für Farne ungewöhnlich.

Gefiederte, blaßgrüne Wedel

Glänzende, dunkelgrüne Wedel

Rippenfarn

Frauenfarn

Braune Sori

Hirschzunge

55

Leben am Flußufer

Wenn der Bach ruhiger fließt und sich durch Zuflüsse verbreitert hat, wird er zum Fluß. Doch wo genau beginnt ein Fluß? Eine Definition besagt, daß Bäche weniger als 5 m breit sind, Flüsse breiter. In größeren Flüssen fließt das Wasser in der Regel langsamer, so daß am Ufer Pflanzen wurzeln können. An hohen Uferböschungen ist der Boden direkt am Fluß wassergesättigt, doch nach oben hin wird er trockener. So zeigt die Ufervegetation oft eine charakteristische Zonierung mit im Schlamm wurzelnden Schwertlilien, Froschlöffelpflanzen und Wasserdost; Springkraut und ähnliche weniger nassen Boden liebende Pflanzen wachsen weiter oben. Die reiche Vegetation bietet Lebensraum für viele Tiere.

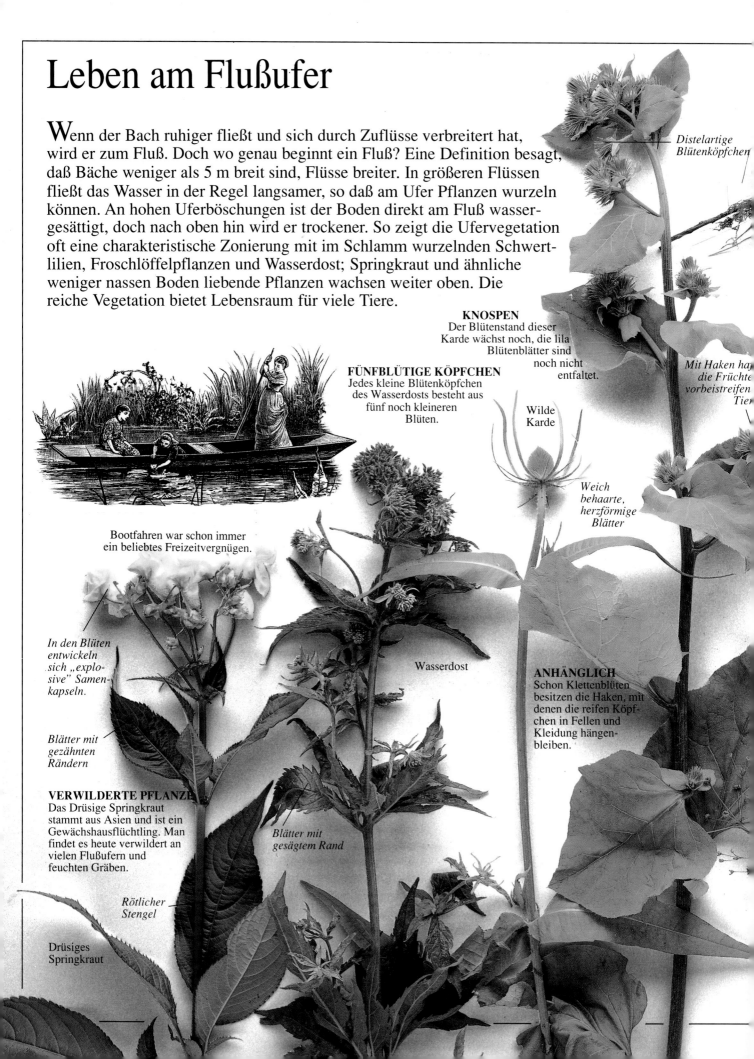

Distelartige Blütenköpfchen

KNOSPEN
Der Blütenstand dieser Karde wächst noch, die lila Blütenblätter sind noch nicht entfaltet.

FÜNFBLÜTIGE KÖPFCHEN
Jedes kleine Blütenköpfchen des Wasserdosts besteht aus fünf noch kleineren Blüten.

Wilde Karde

Mit Haken ha die Früchte vorbeistreifen Tie

Weich behaarte, herzförmige Blätter

Bootfahren war schon immer ein beliebtes Freizeitvergnügen.

Wasserdost

In den Blüten entwickeln sich „explosive" Samenkapseln.

ANHÄNGLICH
Schon Klettenblüten besitzen die Haken, mit denen die reifen Köpfchen in Fellen und Kleidung hängenbleiben.

Blätter mit gezähnten Rändern

VERWILDERTE PFLANZE
Das Drüsige Springkraut stammt aus Asien und ist ein Gewächshausflüchtling. Man findet es heute verwildert an vielen Flußufern und feuchten Gräben.

Blätter mit gesägtem Rand

Rötlicher Stengel

Drüsiges Springkraut

HOCHWASSERMARKE
Bei Frühlingshochwasser blieben mitgespülte Pflanzenteile an diesem Zweig hängen, 1 m über dem sommerlichen Wasserspiegel.

Alte Pflanzenstengel verfingen sich am Zweig.

Mit seinem im Umriß pyramidenförmigen Blütenstand ist der Froschlöffel eine eindrucksvolle Uferpflanze.

Froschlöffelblatt

ZUHAUSE AM FLUSS
Viele Säuger sind am Fluß zu Haus. Fischotter benutzen Verstecke in der Ufervegetation oder unter überhängenden Baumwurzeln.

LEBEN IM SCHLAMM
Im Fluß- und Teichschlamm lebt eine Vielzahl kleiner Tiere, die von Fischen und anderen größeren Tieren gefressen werden.

Planarie

Bachflohkrebs

Diese Köcherfliegenlarve hat ihren Köcher aus Steinchen gebaut (S. 50).

Planarie

Bachflohkrebs

Blütenstand des Froschlöffels

Zahnmarken eines Säugers

Schmerlen

BARTELBART
Barteln dienen Schmerlen als Tastorgane. Nach Einbruch der Dunkelheit kommt dieser Fisch unter Steinen im Fluß hervor und wühlt im Schlamm nach Würmern, Insekten und anderen Kleinlebewesen.

NACHMITTAGS GEÖFFNET
Der Froschlöffel wurzelt im Uferschlamm kleiner Flüsse. Seine Blüten sind vormittags geschlossen, öffnen sich erst nachmittags und schließen sich am Abend wieder.

Der Wasserstern dient diesen scheuen Fischen als Unterschlupf.

Zierliche, blaßlilafarbene Blüten

Kleine Muscheln haften an einem Stein.

Blätter der Sumpfschwertlilie

UNBEKANNTER NAGER
Diese Schwertlilienblätter vom Steilufer wurden von einem Säugetier angefressen.

FESTGEKLAMMERT
Unter der rundlichen Schale halten sich diese Süßwasserschnecken mit ihren „Füßen" an einem Stein fest.

Die Mündung des Flusses

Am Ende eines großen Flusses beginnt das Meer. Die Flußufer weiten sich und werden zur Küste. Das bei Flut einströmende Salzwasser hat Auswirkungen auf das Leben im Mündungsbereich der Flüsse. Im letzten Abschnitt eines Flusses, dem Ästuar, wälzt sich der Fluß langsam dahin, und von der Strömung mitgeführte Schlammpartikel lagern sich im Flußbett und an den Ufern ab. Das durch Wellen und Gezeiten aufgewühlte Wasser ist oft trübe, Licht für die Photosynthese (S. 10) von Unterwasserpflanzen daher rar. Es gibt nur wenige Pflanzen und Tiere, die die enormen Schwankungen des Salzgehaltes ertragen können, doch diejenigen, die daran angepaßt sind, müssen kaum Konkurrenz fürchten und sind daher oft in Massen anzutreffen. Die abgebildeten Tiere und Pflanzen sollen einen Eindruck vom Artenspektrum in einem Flußästuar geben.

MAUSERFEDERN
Abgeworfene Federn findet man am Ästuar häufig. Sie deuten auf die hier lebenden Arten hin.

Mauserfedern

Angespülter Knochen

Möwe

MÖWEN
Die Tierwelt des Ästuars zieht viele Arten von Möwen an.

KNOCHENFUNDE
Auch die verschiedensten Knochen werden am Ufer des Ästuars angespült.

Queller

Wolfsmilch-Gewächs

DER QUELLER
Die Asche des stark sodahaltigen Quellers oder Glasschmalzes wurde früher bei der Glasherstellung verwendet. Queller ist an Ästuaren und auf Salzwiesen (S. 60) häufig; die saftigen Blätter sind eßbar.

Fleischige Blätter speichern Wasser.

WOLFSMILCH AM STRAND
Wie der Queller besitzt dieses Wolfsmilchgewächs dickfleischige Blätter. Sein Kriechstengel breitet sich über den feuchten Dünensand aus.

ESSENSZEIT BEI EBBE
Schwärme von Austernfischern bevölkern bei Ebbe den Schlamm des Ästuars, picken und stochern nach Würmern, Garnelen, Muscheln und Krabben.

Queller

Salzmiere

Seegras

Feder

Die Wurzeln verfestigen den Schlammboden des Ästuars.

„MÜLLKIPPE" ÄSTUAR
In den ruhigeren Gewässern der Gezeitenzone lädt die Natur alle Arten von Tier- und Pflanzenresten aus dem Meer ab, von vertrockneten Algen und Seegräsern bis zu Federn und toten Krabben.

VIEL ZU LERNEN
Austernfischer legen ihre Eier auf den bloßen Boden oder in niedrige Vegetation. Die Küken benötigen bis zu 26 Wochen, um die hochspezialisierten Techniken des Nahrungserwerbs zu lernen.

Strandschnecken

Tellmuschel

Herzmuschel

Gemeine Strandschnecke

Miesmuschel

Auster

Tellmuschel

Herzmuschel

Pickloch eines Vogels

Herzmuschel

Tellmuschel

Junge Krabbe

Austernfischer mit Küken

AUSGEFRESSEN
Vögel haben diese Muschelschalen aufgepickt und die darin lebenden Tiere gefressen.

UNTERM WELLENBRECHER
„Hindernisse" im Ästuar, wie z. B. Wellenbrecher, werden sehr schnell von Lebewesen besiedelt, die die Schwankungen der Salzkonzentration ertragen. Die Strandassel, ein Vetter der Kellerassel, ist als Krebstier auch mit den Krabben verwandt.

Strandassel

Wattwurm

Austernschale

WO IST DER WURM?
Gedrehte Kothäufchen markieren den Ausgang der U-förmigen Röhre des Wattwurms.

Brandgans mit Küken

Pantoffelschnecke

Herzmuschel

BRANDGANSKÜKEN
Junge Brandgänse sehen aus wie typische Entenküken, die Altvögel eher wie Gänse. Diese Halbgänse ernähren sich von Muscheln, Würmern und anderen Tieren.

Seepocken

Scheidenmuschel

STRANDGUT
Oft werden Muschel- und Krebsschalen aus dem Meer an die Ufer der Ästuare gespült, so dieser kleine, vom Sturm losgerissene Stein mit Seepocken.

Krabbe

DIE SEENADEL
Diese harthäutige Verwandte des Seepferdchens schwimmt hauptsächlich mit Hilfe ihrer Rückenflosse. Sie kommt gut mit dem wechselnden Salzgehalt des Ästuarwassers zurecht.

Seenadel

Kleiner Blasenstang

ALGEN AM UFER
An geschützten Stellen nahe am Meer können Algen der Küsten Fuß fassen. Dieser kleine Blasentang ist eine Charakterpflanze der oberen Gezeitenzone.

59

Die Salzmarsch

An viele Ästuare (S. 58) grenzen weite, von Gräben durchzogene Salzwiesen mit einer ganz charakteristischen Pflanzengesellschaft an. Zweimal täglich fließt Salzwasser in die Abflußgräben, und Salz dringt in Schlamm und festen Boden ein. Wenn das Wasser abfließt, bleibt durch Verdunstung ein salzhaltiger Rückstand. Bei Springflut wird das ganze Land vom Meerwasser überflutet. Doch schon nach ein paar Tagen können Regenfälle bei Nipptide das ganze praktisch in einen Süßwasserlebensraum verwandeln. Die Pflanzen der Salzmarsch sind an diese wechselnden Bedingungen angepaßt.

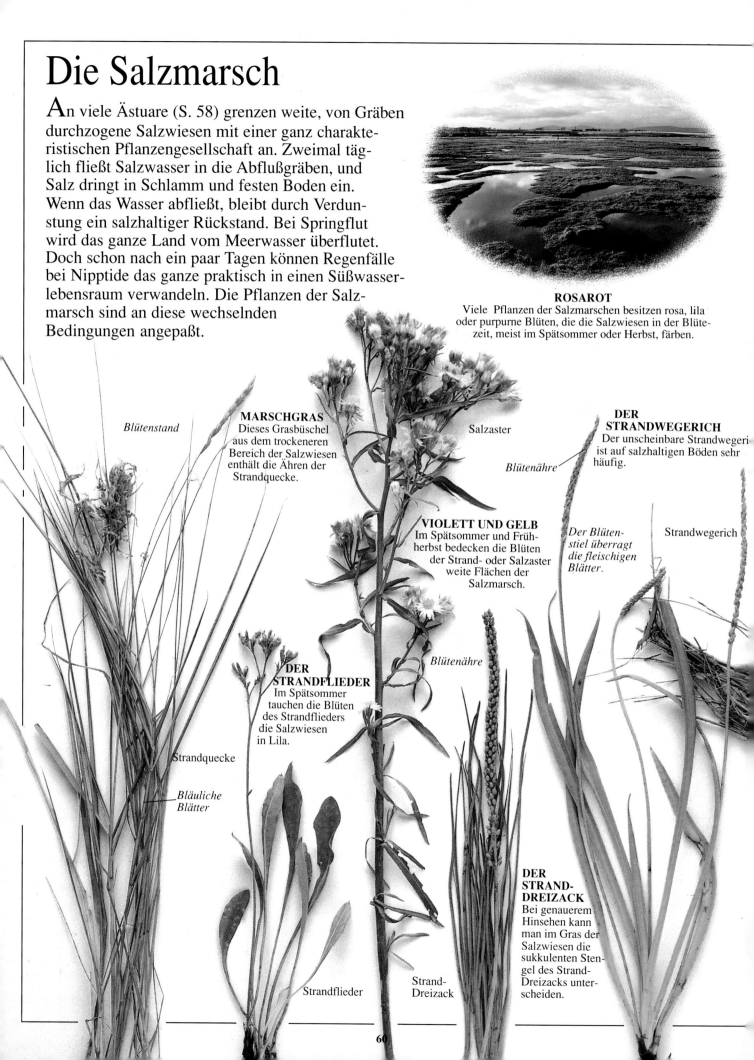

ROSAROT
Viele Pflanzen der Salzmarschen besitzen rosa, lila oder purpurne Blüten, die die Salzwiesen in der Blütezeit, meist im Spätsommer oder Herbst, färben.

Blütenstand

MARSCHGRAS
Dieses Grasbüschel aus dem trockeneren Bereich der Salzwiesen enthält die Ähren der Strandquecke.

Salzaster

DER STRANDWEGERICH
Der unscheinbare Strandwegeri ist auf salzhaltigen Böden sehr häufig.

Blütenähre

VIOLETT UND GELB
Im Spätsommer und Frühherbst bedecken die Blüten der Strand- oder Salzaster weite Flächen der Salzmarsch.

Der Blütenstiel überragt die fleischigen Blätter.

Strandwegerich

DER STRANDFLIEDER
Im Spätsommer tauchen die Blüten des Strandflieders die Salzwiesen in Lila.

Blütenähre

Strandquecke

Bläuliche Blätter

DER STRAND-DREIZACK
Bei genauerem Hinsehen kann man im Gras der Salzwiesen die sukkulenten Stengel des Strand-Dreizacks unterscheiden.

Strandflieder

Strand-Dreizack

SILBRIG-GRÜNE BLÄTTER
Die silbrigen Blätter sind von winzigen
luftgefüllten Schuppen bedeckt.
Die Portulak-Salzmelde wächst
am Rand von Entwässerungsgräben und Rinnsalen
in der Salzwiese.

*Reifende
Früchte*

Portulak-
Salzmelde

*Bei wechseln-
dem Salzgehalt
nehmen die
Blätter Wasser
auf oder geben
es ab.*

Dicke Wurzeln

FLEISCHIGE BLÄTTER
Die dicken, fleischigen Blätter der
Salzpflanzen sind bei dieser Strand-
sode gut zu sehen.

*Sukkulente Blätter
speichern Wasser.*

PIONIERPFLANZE
Das Hohe Schlickgras, eine
Pionierpflanze auf bloßem Schlick,
wird oft in Marsch und Ästuar
angepflanzt, damit sie den
Boden mit ihren unterirdischen
Stengeln und dicken
Wurzeln verfestigt.

Strandsode

*Überschüssiges
Salz wird durch
Ausscheidung
von Salzkristal-
len aus der
Pflanze
entfernt.*

Hohes
Schlickgras

REICHE BEUTE
Knutts und andere Watvö-
gel stochern im Schlick
der Entwässerungsgräben
nach Nahrung.

Queller

*Die fleischigen,
gegliederten
Stengel spei-
chern Wasser.*

MARSCHBILDNER
Queller ist eine der ersten Pflanzen,
die im Schlick des Ästuars siedeln
und die weitere Auflandung
fördern.

SPÜLSAUM
Jede Flut spült alte Stengel,
Krabbenpanzer und andere Tier- und
Pflanzenreste in die Salzmarsch.

SCHLICK
Das ist der Stoff, aus dem das
Leben der Salzwiesen und Ästuare
entsteht – zäher, glänzender
Schlamm, reich an organischen
Stoffen.

Schlickboden

Die Wurzeln festigen den Schlick.

Krabben

Leere
Muschelschalen

ANGESPÜLT
Junge Strandkrabben, kleine
Herzmuscheln, die schwam-
migen, leeren Eihüllen der
Wellhornschnecken
und vieles mehr
kann man an den
Rändern der
Gräben finden.

Leeres Wellhorn-
schneckengelege

Kennenlernen und Schützen

Das faszinierende Leben der Teiche und Flüsse ist gefährdet. Wasserverschmutzung, Zersiedlung der Landschaft und die steigende Zahl der Freizeit-Wassersportler fordern ihren Tribut. Daher werden Schutz und Erhaltung unserer natürlichen Süßwasserlebensräume immer wichtiger. Erste Schritte dazu sind das Kennenlernen des Lebensraums, seiner Lebewesen und der Wechselbeziehungen zwischen ihnen. Wer Natur erfahren und schützen will, beobachtet ohne zu stören und zu zerstören. Naturschutz sollte bei allen Beobachtungen im Freiland immer an erster Stelle stehen. Näheres über Teiche und Flüsse kann man bei den auf S. 64 aufgeführten Naturschutzverbänden erfahren. Auch die Volkshochschulen bieten Exkursionen mit entsprechender Thematik an.

LEBEN IM WASSERTROPFEN
Ein Tropfen Teichwasser wimmelt unter einem Mikroskop von Wasserpflanzen und -tieren.

Lupen

DURCH DIE LUPE BETRACHTET
Lupen mit etwa 10facher Vergrößerung ermöglichen die Betrachtung kleiner Wassertiere und Pflanzenstrukturen.

LÖFFEL UND PINSEL
mit Löffel und Pinsel kann man kleine, zarte Pflanzen und Tiere zum Beobachten entnehmen.

Feldführer

Schraubdeckelgläser

KURZER AUFENTHALT
Schraubdeckelgläser sind nützlich für die kurzzeitige (!) Aufbewahrung und Betrachtung von Pflanzen und Tieren.

Notizblock

TROPFEN IN DIE SCHALE
Mittels Pipette und Petrischale lassen sich kleine Tiere vorsichtig bewegen und beobachten.

Plastiklöffel

AUFZEICHNUNGEN
Notizblock, Feldführer und Bleistift sind unterwegs unerläßlich.

Petrischale

Pipette

LANDWIRTSCHAFTLICHE ABFÄLLE
Versehentlich ist Gülle in diesen Fluß gelaufen tötete Döbel, Häslinge, Rotaugen und Tausende kleinerer Tiere.

Wasserdichte Kamera

AUFNAHMEN AM WASSER
Mit modernen wasserdichten Kameras kann man auch an feuchten Orten fotografieren, sogar in der Gischt eines rauschenden Bachs. Naturfotos sind die beste Methode, zu sammeln ohne zu zerstören.

Gefahr durch Verschmutzung

Teiche, Flüsse und andere Süßwasserlebensräume sind von Wasserverschmutzung bedroht. Dünger und Pestizide werden bei Regen aus den Böden ausgewaschen und gelangen in die Gewässer, wo sie das natürliche Gleichgewicht stark stören. Industrieabwässer werden in Flüsse eingeleitet und töten zum Teil über lange Strecken flußabwärts jegliches Leben. Die bestehenden Gesetze zur Wasserreinhaltung werden nicht immer befolgt; „Unfälle" geschehen, und die Behörden können nicht jedes Staubecken kontrollieren. Jeder kann der Natur helfen, wenn er Verdachtsmomente den Behörden meldet oder mithilft, Teiche zu reinigen und naturgemäß zu gestalten oder Müll aus einem Bach zu räumen.

Klapp-
messer

Plastiktüten und
Verschlüsse

Feinmaschiges Sieb

Gartenschere

FEUCHTHALTEN
Wasserpflanzen trocknen
schnell aus. Man sollte
sie unterwegs in Plastik-
tüten feuchthalten.

EIN SAUBERER SCHNITT
Pflanzenteile sollten nicht abgerissen, sondern
sauber abgeschnitten werden; natürlich nur mit
ausdrücklicher Genehmigung.

Spaten

Gabel

SIEB ZUM
SORTIEREN
In einem feinmaschigen
Sieb kann man Tiere
vorsichtig im Wasser
von Schlamm und
Sand reinigen.

WASSERPROBEN
Mit einem Eimer am
Seil kann man Wasser-
proben nehmen.

Gut schließende
Plastikbehälter

AUSLAUFSICHERE
BEHÄLTER
Tiere sollten vorsichtig
zusammen mit Wasser-
pflanzen als Spritzschutz
in gut schließenden
Plastikdosen trans-
portiert
werden.

KLEINE GRABGERÄTE
Mit einer kleinen Grabgabel
oder -schaufel kann man
vorsichtig Pflanzen aus-
graben und nach
Schlammtieren
suchen; natür-
lich nur mit
Erlaubnis.

Eimer für
Wasserproben

Grobmaschiges Netz

Feinmaschiges Netz

NETZFÄNGE
Netze gibt es mit unter-
schiedlicher Maschenweite, für große
oder kleine Tiere. Man sollte beim Käscher-
fang vorsichtig vorgehen, um keine Pflanzen auszu-
reißen. Nach dem Sortieren wird der Netzinhalt so schnell
wie möglich wieder ins Wasser zurückgegeben.

Register

Bildnachweis

o = oben, u = unten, m = Mitte, l = links, r = rechts

Heather Angel: 43or; 45ur; 53ur
G. I. Bernard / Oxford Scientific Films: 51ml
B. Borrell / Frank Lane Picture Agency: 39m
Bridgeman Art Library: 34or

British Museum / Natural History: 48ol
B. B. Casals / Frank Lane Picture Agency: 39o
John Clegg: 47ol
G. Dore / Bruce Coleman Ltd.: 48mr; 60or
Fotomas Index: 39ml
C. B. und D. W. Frith/Bruce Coleman Ltd.: 41ur
Tom und Pam Gardener / Frank Lane Picture Agency: 38ur

D. T. Grewcock / Frank Lane Picture Agency: 62ur
Mark Hamblin / Frank Lane Picture Agency: 39um
David Hosking / Eric und David Hosking: 27m; 37ml
Mansell Collection: 13m, or, ml; 35ml; 49ur
L. C. Marigo / Bruce Coleman Ltd.: 42ul
Mary Evans Picture Library: 22ol;

23or; 30ul; 40or
Dr. Morley Reed / Science Foto Library: 39ul
Jany Sauvanet / Natural History Photographic Agency: 40ml
Richard Vaughan/Ardea: 58mr
Roger Wilmshurst/Frank Lane Picture Agency: 29o
Illustrationen: Coral Mula 34ul; 36ml, ul, ur; 35ol, ml; 38ml, m; 39mo
Bildredaktion: Millie Trowbridge